사회복지현장실습 세미나

사회복지현장실습 세미나

김정은

KNOWLEDGE COMMUNITY 공동체

머리말

현장에서 사회복지사로 일하며 다양한 클라이언트를 만나고 크고 작은 일을 경험하며 가장 많이 성장하였다고 생각하는 부분은 실습생에게 슈퍼비전을 줄 때였던 것으로 기억한다. 하얀 도화지에 울긋불긋 자기 나름 열심히 그려놓은 사회복지사로서의 자화상을 가진 실습생에게 내 자신도 잘 그려놓지 못한 자화상을 보여주며 '이거 보세요. 멋지죠. 제 그림을 보고 따라 그려 보세요!' 하며 선을 보태주고 수정해 주는 작업은 내 스스로 매우 부담스럽고 부끄럽기도 하였다. 현재도 교수로서 현장실습을 매 학기 가르치고는 있지만 그 마음은 별다르지 않은 듯하다.

실습은 모든 학생들에게 다양한 경험을 안겨주는 듯하다. 어떤 학생은 큰 기대를 하며 이력서와 자기소개서, 면접까지 통과하고 선발된 기관에서 실습을 하고는 정말 자신과 맞지 않는 실습기관이었다고 하는 경우도 있고, 어떤 학생은 전혀 기대하지 않았지만 실습 후 무척 만족스러운 실습기관이었다고 자랑스러워하기도 한다. 그러나 그 경험은 자신이 경험한 하나의 기관을 잠깐의 기간 동안 다녀왔지, 전체 사회복지기관을 모두 설명하지 못하기 때문에 긍정적인 목적의식을 가지고 가야 한다.

사회복지를 전공하는 학생이라면 사회복지현장실습교과목을 필수로 이수해야 한다는 것 정도는 모두 알고 있을 것이다. 현재 사회복지학 전공 또는 사회복지사자격증을 취득하려는 학생은 대학 교육을 통해 학습한 사회복지 분야별 실천원칙, 가치, 윤리, 특정 지식과 과학적인 실무기술들을 학습하게 된다. 사회복지사 자격을 취득하기 위해서는 이수학점 51학점이 필요하며 필수교과 10과목(사회복지학개론, 인간행동과 사회환경, 사회복지조사론, 사회복지실천론, 사회복지실천기술론, 지역사회복지론, 사회복지행정론, 사회복지정책론, 사회복지법제와 실천, 사회복지현장실습)과 선택교과 7과목(아동복지론, 노인복지론, 장애인복지론, 가족복지론, 청소년복지론, 정신건강사회복지론, 학교사회복지론 등) 이상의 과목을 이수하면 된다.

현장실습교과목은 전문적인 교육을 실시하는 분야에서 이루어지고 있는 중요한 교육과정의 하나로 사회복지학뿐만 아니라 의학, 간호학, 교육학 등의 전문직에서 교육과정의 핵심적인 부분이며, 필수 이수과목으로 운영되고 있다.

사회복지현장실습은 실천학문으로서 사회복지학의 역사와 함께 발전하고 있다. 초기 사회복지학이 우리나라에 도입되었을 당시에는 사회복지사 자격을 취득하고자 한다면 사회복지사가 상주하는 어떠한 시설에서도 실습이 가능했다. 사회복지현장실습 수업을 진행하는 교수도 사회복지사 자격은 필수조건이 아니었다. 그런 교과목 운영 결과는 사회복지사들이 실천현장에서 클라이언트를 만나 고스란히 실력이 드러났다. 양적인 팽창은 사회복지실천현장이 넓어지고 다양한 직종에 사회복지사들이 필수적으로 채용되어야 하는 조건이 되었다. 사회복지사로서 매우 감사한 일이다. 그러나 일부 사회복지사들은 돌발 상황에 따른 지침이나 매뉴얼을 이해하지 못하고 사회복지 가치와 윤리를 기반으로 하기보다 개인의 임기응변에 따라 대처하는 등 사회복지사의 질적인 수준에는 미치지 못하는 경우가 많았다. 특히 현장에 배출되는 사회복지사들이 다양한 대상자를 만나거나 타 분야 전문가와 협업을 이루게 되는 과정에서 사회복지사의 가치인 인간의 존엄성과 사회정의를 잊어버리는 일이 많이 발생하게 되었다. 이러한 이유로 2010년 사회복지실습기관 인증제가 입법 예고되며 사회복지현장실습 기관인증제 도입에 대한 필요성이 보고되었으며, 2013년부터는 보건복지부의 지원으로 사회복지현장실습기관 및 실습지도자 등록제를 실시하여 사회복지현장실습의 내실화 및 안정화를 구축하게 되었다.

사회복지현장실습이란 사회복지 가치와 윤리에 입각하여 학교에서 배운 이론과 기술을 사회복지실천현장에서 적용하는 방법을 배우는 것이라 할 수 있다. 이러한 특징으로 현장실습은 대학과 실천현장이 함께 실습생의 성장을 책임져야 하는 이론과 실천의 통합교과목이라고 할 수 있다. 현재는 전공 필수과목으로 편성하고 있으며 한국사회복지대학교육협의회에서는 현장실습과목을 기관에서 이루어지는 160시간의 현장실습과 학교에서 실시하는 3학점의 실습세미나 수업으로 구성하고 있다.

사회복지현장실습은 대학과 실습슈퍼바이저가 함께 실습생의 실습활동에 책임을 지고 지켜보며 가르치고, 감시나 감독이 아닌 교육과 훈련을 통해 전문가로서 성장할 수 있도록 교육해야 한다. 따라서 실습의 초점은 학생들이 학교에서 배운 지식과 기술을 향상시키기 위한 실천현장의 경험을 통해 슈퍼비전을 받으며 사회복지 실천 경험을 쌓는 데 있다.

그러므로 현장실습을 앞두고 있는 학생은 실습의 목적을 분명히 할 필요가 있다. 이는 자신의 사회복지사 그림에 어떤 자화상을 가지게 되는가와 깊은 관련이 있을 것이다.

가장 먼저 나를 알기이다. 특히 자신이 어떤 사람인지, 사람을 만나며 나를 발견하는지 행정적인 문서나 숫자 등을 통해 나의 가치를 발견하는 걸 좋아하는지 알 필요가 있다. 특히 실습은 그 모든 것을 한 번에 경험할 수 있는 기회가 된다. 실습은 기관을 선정하는 것부터 실습신청서를 쓰고 면접을 보고 160시간의 실습활동을 하고 대학에서 세미나를 듣고 과제를 제출하는 것까지 많은 기간과 노력이 필요하다. 그 과정을 통해 자신이 어떤 사람인지 어떤 가치를 추구하는지 알아가고 다른 활동으로는 발견하지 못했던 자신의 적성 및 장단점과 같은 자아 인식을 경험하게 된다.

두 번째는 현장을 알기이다. 학생들은 사회복지현장에 대해 많은 사람들이 하는 이야기를 듣고 '사회복지사는 모두 선할 것이다', '박봉에 시달릴 것이다', '야근이 많을 것이다' 등등의 선입견을 가지게 될 것이다. 사회복지사는 국회, 행정복지센터, 정신병원, 일반병원, 일자리센터, 노숙인지원센터, 해바라기센터, 자활센터, 상담소, 가족센터, 쉼터, 생활시설 등에 종사하고 있기 때문에 근무시간과 환경, 보수 등이 매우 다양하다. 또한 업무의 방식도 다양하여 공문서 작성부터 사회공헌활동의 프로포절, 욕구조사, 주민조직화 등 사회복지현장에서 활용되는 기초적인 행정 사무, 회계 업무도 담당하고 있다. 이 모든 것을 알 수 있는 방법은 사회복지현장실습을 통한 방법뿐이다. 또한 실습을 통하여 자신의 철학과 가치관 등을 정리할 수 있으며, 졸업 후 진로 선택에 도움을 줄 수 있다. 특히 사회복지현장실습 세미나에서 동료들의 실습기관 발표와 토론 등을 통해 자신의 실습기관보다 더 좋은 환경과 보수의 현장을 알게 되고 관련 이력을 만들어 취업한 경우도 많아 현장실습에 대한 기회를 현장 알기의 목적으로 활용하는 것이 도움이 될 것이다.

본 교재는 예비사회복지사들이 실습현장을 찾는 방법부터 평가단계까지 종합적인 과정과 실무 서식, 사회복지사 자격증 취득 방법까지 꼭 알아야 하는 내용을 정리하였다. 사회복지협의회 및 관련 기관의 보고서 양식을 모아 정리하였으며 과제수행자료도 직접적으로 도움이 될 수 있도록 구성하였다. 한국사회복지사협회의 실습양식들은 공동체 출판사와 협의하여 자료실에 탑재하여 QR코드를 통해 찾을 수 있도록 만들어 학생들이 실습과제 양식을 손수 만들어야 하는 수고를 덜어주고자 하였다.

본 사회복지현장실습 세미나가 학생들에게 사회복지실천의 가치 및 윤리, 지식 그리고 실천기술을 현장에 실제로 적용하고 이를 통해 전문직의 사명감과 실천능력을 겸비한 사회복지사로 성장하는 데 조금이나마 도움이 되길 희망한다.

본 교재의 부족한 부분은 추후 지속적으로 보완할 예정이며 교재가 발간되기까지 아낌없는 도움을 주신 공동체 가족 여러분께 깊은 감사를 드린다.

2023년 2월

저자 김정은

CONTENTS

차 례

CONTENTS

CHAPTER 01

사회복지 현장실습 이해

1. 사회복지현장실습 개요
2. 사회복지현장실습 교과목 운영에 대한 오리엔테이션
3. 사회복지사업법상의 사회복지사 자격

CHAPTER 01

사회복지현장실습 이해

1. 사회복지현장실습 개요

본 교과목은 사회복지실천의 가치 및 윤리, 지식 그리고 사회복지실천과정 및 기술을 사회복지실천현장에 실제로 적용하는 현장실습을 통해 전문직의 사명감과 실천능력을 겸비한 사회복지사를 교육, 훈련하는 것을 목적으로 한다.

사회복지현장실습의 교육과정은 먼저, 사회복지실천현장에 학생을 배치하여 일정 기간 동안 실제로 클라이언트체계(개인, 가족, 집단, 지역사회, 조직)의 욕구충족 및 문제해결을 위해 미시적, 중시적, 거시적 수준에서 사회복지사로서 어떤 역할을 수행해야 하는지를 경험하고, 이에 대해 실습기관의 실습지도자로부터 슈퍼비전을 받도록 한다. 그 다음 학교에서 현장실습에서의 자신의 경험을 공유하며 실습지도교수의 슈퍼비전과 동료의 피드백을 받으며 자신의 실천을 점검하고 발전시키는 실습세미나를 병행한다. 이 과정에서 학생은 사회복지현장에서 이루어지고 있는 서비스를 기획, 전달, 평가하는 과정에 참여하고, 자신의 업무수행에 대한 실습지도자, 실습지도교수의 슈퍼비전을 통해 사회복지사로서의 전문적 정체성을 수립하고 실무역량을 강화할 수 있다.

실습학생에게는 현장실습일지, 사례기록, 과정기록, 기관분석 보고서, 중간평가서, 최종평가서 등 실습활동과 관련된 다양한 과제물을 제출해야 하는 책임이 있다. 실습기관은 실습지도자를 지정하여 실습학생에 대한 행정적, 교육적, 임상적, 정서적, 지지적 슈퍼비전과 더불어 실습일지 및 각종 기록에 대한 개별적인 슈퍼비전을 제공하여야 한다. 대학에서는 실습지도교수가 사회복지현장실습의 전 과정을 지도하기 위해 실습기관 및 실습지도자와 긴밀한 관계를 유지한다(사회복지교육협의회, 2022).

1) 사회복지현장실습의 목표

- 사회복지현장에서 예비사회복지사로서 사회복지 가치 및 윤리강령, 지식 및 기술을 적용할 수 있다.
- 클라이언트체계의 욕구와 어려움 확인, 정보수집 및 사정, 개입계획 수립 및 실행, 그리고 평가의 전 과정을 수행할 수 있다.
- 지역사회 내 위험집단 및 표적집단의 특성 그리고 강점과 자원을 파악하고 이를 활용할 수 있다.
- 사회복지시설 및 조직의 사명, 관련 정책 및 행정을 이해하고 이를 실천에 적용할 수 있다.
- 실천현장과 관련된 중앙정부 및 지방자치단체의 사회복지정책 및 전달체계를 분석하고 실천에 적용할 수 있다.
- 전문 사회복지 인력으로서 적성을 점검하고 자신에 대한 이해를 높이는 과정을 통해 전문적 자기인식과 전문가로서의 정체성을 형성한다.
- 사회복지실천 현장 및 분야에 대한 이해를 높이고 실습한 내용을 학문적으로 이해하고 통합할 수 있다.
- 사회복지사로서 자신의 진로를 결정하는 기회를 가진다.

2) 사회복지현장실습 교육의 목적

사회복지학은 실천지향적인 학문이므로 이론과 실제 모두에 대한 이해가 필요하다. 사회복지현장실습 교육은 그러한 필요성을 충족하기 위한 교과목 중의 하나로서 사회복지 이론과 실제를 통합적으로 이해하는 것을 목적으로 한다. 그것은 이론이 실천현장에서 어떻게 적용되는지 그리고 실천현장에서 나타나는 현상을 이론적으로 어떻게 설명하고 예측할 수 있는지를 이해하는 것을 말한다. 사회복지현장실습 교육의 목적을 달성하기 위해 학생들은 실천현장에 나가서 기관의 사업에 대한 설명을 듣고, 사회복지사의 업무수행 방법과 내용을 관찰하며, 낯선 클라이언트를 만나거나 새로운 프로그램의 개발에 참여하기도 한다.

이론과 실제를 통합적으로 이해하기 위해서 학생들은 실습교육 프로그램에 참여하는 것 외에도 교과과정의 일환으로 제공되는 현장탐구학습, 관련 기관 방문, 인턴십 프로그램 등에 참여할 수 있다.

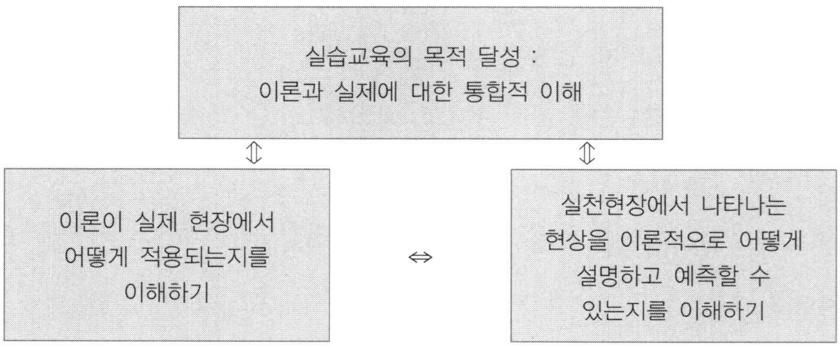

[그림 1-1] 사회복지현장실습 교육의 목적

출처 : 신민선 외(2018).

또는 관심 있는 분야에서 개인적으로 자원봉사를 하거나 특정 주제를 가지고 동료들과 스터디 그룹을 운영할 수도 있다. 이러한 노력들을 통하여 학생들은 사회복지에 대한 이해를 심화할 수 있고, 사회복지 실천가 또는 연구자로서 성장하기 위하여 어떤 준비들을 해야 할지에 대하여 보다 잘 알 수 있게 된다.

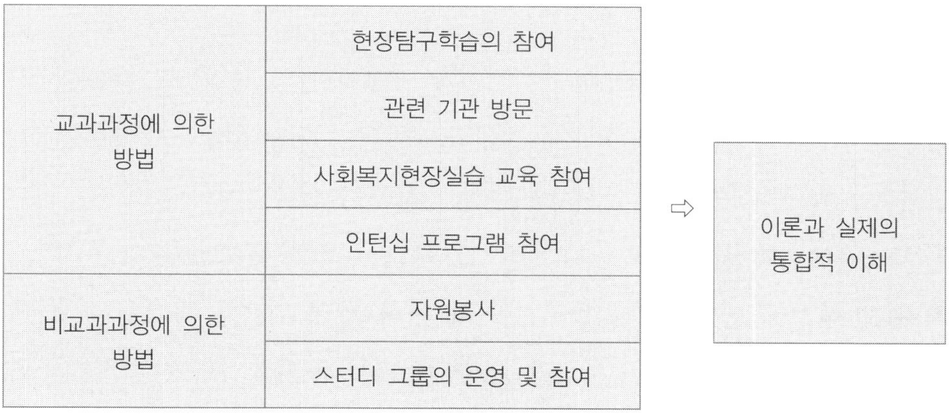

[그림 1-2] 사회복지 이론과 실제의 통합적 이해를 위한 방법

출처 : 신민선 외(2018).

사회복지현장실습 교육의 목적을 이루기 위해서 실습생은 기초 교과목과 방법론 교과목 외에 자신이 실습하고자 하는 분야의 교과목을 이수한 후에 실습교육에 참여하는 것이 바람직하다. 예를 들어, 장애인복지 분야에서 실습을 하고자 하는 학생은 기초 과목과 방법론 교과목들을 이수한 후 분야론 교과목 중에서 반드시 장애인복지론은 이수를 해야 한다는 것이다. 이는 해당 실습 분야에 대한 기본적인 선행 학습이 이루어진 상태에서 실습에 참여해야 효과적인 실습을 할 수 있기 때문이다.

3) 사회복지학 교과목과 현장실습 교과목과의 관계

사회복지현장실습을 수강하기 위한 학생들은 사회복지학에 대한 여러 가지 교과목에 대한 이해가 필요하다. 가장 먼저 인간행동과 사회환경을 배운다. 그리고 직접실천(direct practice)과 관련된 과목으로 사회복지실천론, 사회복지실천기술론, 지역사회복지론을 공부한다. 간접실천(indirect practice)과 관련된 과목으로는 사회복지정책론, 사회복지행정론, 사회복지법제론 등을 공부한다. 그 다음으로 아동복지론, 가족복지론, 노인복지론, 장애인복지론 등 전문적인 분야의 이론을 공부한다.

우리는 인간행동과 사회환경 교과목을 통해 인간의 심리사회적 발달 특성을 이해하고, 생태체계적 관점 안에서 사회체계가 어떻게 인간과 영향을 주고받는지를 이해하게 된다. 이러한 이해를 바탕으로 클라이언트를 사정하고 클라이언트에게 개입하는 방법을 실천론과 실천기술론에서 공부한다.

그리고 생태체계적 관점에서 한 명의 클라이언트를 변화시키기 위해서는 지역사회 체계 전체를 변화시켜야 하기 때문에 지역사회복지론을 공부한다. 이와 더불어 실제로 사회복지기관이 어떻게 운영되는가를 사회복지행정론 교과목을 통해 이해한다. 또한 인간의 욕구에 대해서 국가와 지역사회가 가지고 있는 인적·물적·사회적 자원을 활용하여 욕구들을 충족시켜 주기 위한 정부나 공·사적 기관들의 지속적인 계획인 사회복지정책론을 공부한다. 끝으로 클라이언트 특성에 따라 세부적으로 다양한 사회복지실천 영역(아동복지, 노인복지, 장애인복지, 가족복지, 학교사회복지, 정신건강사회복지 등)을 공부한다. 졸업 후에는 사회복지사가 되어 모든 전공지식과 기술을 총동원해서 실천현장에서 클라이언트를 원조하는 업무를 수행하게 된다.

그렇다면 사회복지사는 어떤 장면에서 클라이언트를 만나게 될까? 바로 프로그램이 실시되는 장면을 통해서이며 이들에 대한 문제를 사례관리를 통해 해결하고자 한다. 삶의 어려움과 위기 속에 있는 클라이언트는 사회복지기관을 방문하고 사회복지 프로그램과 서비스를 이용하면서 비로소 사회복지사를 만나게 된다. 따라서 사회복지현장실습은 전체 교과목을 얼마나 이해하고 몸소 실천할 수 있는지 미리 현장에서 확인할 수 있는 공식적이며 매우 체계적인 예비실습의 기회가 될 것이다. 사회복지학을 전공하면서 공부한 모든 지식과 기술이 발휘되는 매우 의미 있고 중대한 무대가 되는 현장실습의 기회를 잘 잡는 것이 학생들에게는 매우 중요하다. 더불어 현장에서도 이력서나 자기소개서로만 신입직원을 가리는 데는 어려움이 있으므로 현장실습을 예비사회복지사의 태도와 기술, 가치 등을 확인하고 추후 기관채용 기회를 부여하는 매우 유용한 방법으로 활용하고 있다.

2. 사회복지현장실습 교과목 운영에 대한 오리엔테이션

1) 대학에서의 실습 준비

대학은 사회복지현장실습을 희망하는 실습생의 선이수 교과목 이수상황, 실습 관련 준비상황 등과 같은 기본적 자격요건을 면밀히 점검하여야 하며, 실습기관 선정 및 배치에 관한 절차에 대해 교육하여 실습생이 해당 내용을 파악한 상태에서 실습이 이루어질 수 있도록 하여야 한다. 이에 실습지도교수는 실습예정 학생들을 대상으로 사회복지현장실습 교과목 운영에 대한 사전 오리엔테이션을 실시하며, 사회복지현장실습 교과목 실습세미나의 일환으로 다음과 같은 내용으로 교육을 진행할 수 있다.

(1) 사회복지현장실습 교과목 운영 개요에 대한 설명

실습오리엔테이션, 실습기관 선정, 실습기관 방문을 포함하며, 기관에서의 현장실습과 학교에서의 실습세미나가 병행 운영됨을 안내한다.

동계실습 및 1학기 실습→1학기 수강신청, 하계실습 및 2학기 실습→2학기 수강신청의 순서로 이루어진다.

(2) 선수과목 이수 여부 확인

학생들이 사회복지 기초과목 및 관심분야 관련 교과목을 이수했는지 점검한다. 사회복지 분야별 기관에서 실습을 할 경우 관련 교과목을 수강했는지 확인하여 학생들의 맞춤형 현장실습이 될 수 있도록 한다.

(3) 현장실습의 중요성 및 필요성에 대한 교육 및 동기 확인

실습신청서의 실습목표, 동기, 실습에서 배우고 싶은 점 등을 확인하여 학생 자신의 진로계획과 실습교육의 관련성을 고민하고 있는지 신청 전에 확인한다.

(4) 현장실습에 임하는 실습생에게 요구되는 자세 및 권리보호, 문제상황 시 대처 안내

실습기간 중 준수하여야 할 의무와 책임, 권한과 역할의 한계, 실습생으로서의 윤리, 부당한 요구 혹은 권익침해 상황 발생 시 대처방법 등에 대해 충분히 학습하고 사전에 직무교육을 실시한다.

(5) 실습기관 선정 과정에 대한 안내 및 추후 일정 공지 : 현장실습을 위한 절차

실습 슈퍼바이저, 실습기관, 공문의뢰 절차, 기관선정 방법 등에 대해 충분한 오리엔테이션을 하고 전년도 실습 선배와의 멘토링을 연결하는 것도 초보실습생에게는 많은 도움이 된다.

(6) 필요서류 구비 여부에 대한 확인

실습신청서, 실습생 프로파일, 이력서, 자기소개서 등은 각 기관별 요청 서류가 달라 학교에서 신청하는 서류 외에도 기관별 양식에 맞추어 필요서류를 준비해야 한다. 기관에 따라 양식이 다르면 접수가 이루어지지 않거나 면접에서 탈락하는 사유가 될 수 있다.

(7) 현장실습 관련 사전교육

실습에 대한 모든 준비가 완료되었으면, 실습지도교수는 현장실습의 목표와 의의, 실습생으로의 바람직한 자세와 태도, 권리보호 및 문제상황 시 대처, 실습기관에서 작성해야 하는 실습일지, 사례기록, 기타 문서작성에 대한 사전교육을 한다.

또한 실습생 프로파일 등 실습생이 개인적으로 준비해야 할 서류 준비상황 및 내용을 점검하여 학생들이 미리 준비된 상태에서 실습에 임하도록 한다.

2) 실습희망기관에 대한 정보 제공 및 실습기관 선정

(1) 실습희망기관에 대한 정보 제공

실습희망기관에 대한 충분한 사전 이해는 실습생이 실습기관을 선택하는 데 있어 가장 중요한 요소이다. 한국사회복지사협회 자격관리센터에 공지되어 있는

'보건복지부장관 선정 기관실습 실시기관' 정보를 중심으로 실습희망기관을 선정하되, 실습지도교수 및 실습담당조교, 선배들 그리고 기관 홈페이지를 통해 해당 기관에 대한 충분한 정보를 수집하도록 한다.

또한 대학에서 사전에 접촉하여 개발한 실습기관에 관한 세부 정보(실습기관 소개 파일)를 학생들에게 제공하여 학생들이 실습희망기관을 정하는 데 도움이 되도록 한다.

〈표 1-1〉 실습기관 선정유형

대학 주도의 실습기관 선정	실습 희망자 주도의 실습기관 선정
• 대학과 협약된 실습기관에 실습생을 배치할 때 실습 희망자가 해당 실습기관에서 실습을 수행하는 데 적절한지에 대해 종합적으로 평가하여야 함 • 실습기관 배치 시 대학에서는 실습 희망자의 진로 및 적성을 우선적으로 고려하여 배치함으로써 학습자의 학습 요구를 최대한 존중하여야 함 • 실습 희망자가 원하는 분야의 실습기관이 부족하여 학습자의 학습기회가 제한되지 않도록 대학에서는 최선의 노력을 기울여야 함	• 실습 희망자가 자율적으로 실습기관을 선정하여 지원하더라도 대학에서는 실습기관이 기관실습에 적합한 요건을 갖추었는지 이중으로 점검하여 학습자가 불이익을 당하지 않도록 노력하여야 함 • 대학에서는 실습 희망자가 자신의 진로와 적성을 고려하여 실습기관에 지원할 수 있도록 충분한 정보를 제공하여야 함 • 실습기관을 지원하는 데 어려움을 겪는 학습자에 대해서는 대학 및 교육기관에서 지원방안을 마련하여야 함 • 인증기관 등록 여부를 확인하여야 함

(2) 학생별 실습목표 수립

실습기관이 확정된 후, 학생은 현장실습 관련 문서를 준비한다. 현장실습 관련 문서에는 실습생 프로파일, 자기소개서, 이력서, 실습계획서, 실습평가서 등이 포함된다. 실습계획서 작성 시 학생은 스스로 실습목표를 수립하도록 한다. 실습목표는 실습의 필수 내용과 학생이 희망하는 실습내용을 고려하고 실습기관의 특성과 상황을 반영하여 수립하고 실습지도교수의 지도감독을 받아 수정・보완한다. 실습지도교수는 학생이 실습을 통해 배우고 싶은 것을 명확히 표현, 기술하도록 지도한다.

3) 현장에서의 실습지도

(1) 실습과제

실습과제는 기관의 유형과 특성에 따라, 학생의 교육수준(학부/ 대학원)과 경험(자원봉사경험, 실습경험, 직장경험 등)에 따라 다양하게 제시할 수 있도록 안내할 수 있다. 단, 학생들이 학교에서 배운 사회복지의 전문적 가치 및 윤리, 지식, 그리고 사회복지 실천내용들(개인개입, 집단개입, 가족개입, 지역사회개입, 거시체계개입 등)과 관련된 과제가 포함되도록 한다. 또한 조사연구기관 및 정책기관(예 국회) 등 전통적인 사회복지기관 외의 다양한 분야의 실습현장에서는 해당 기관의 특성을 반영하되 상기 실습내용 수행에 필요한 정도의 노력을 요하는 사회복지 실습과제를 개발하여 제시할 수 있도록 한다.

(2) 실습슈퍼비전

실습지도자는 다음의 내용을 포함한 정기적인 슈퍼비전이 진행될 수 있도록 안내한다.

① 실습기관 및 실습내용에 대한 전반적인 오리엔테이션 및 교육을 실시한다.

- 실습기관 소개
- 실습의 의미, 의의 및 목표 수립
- 실습생의 자세 및 태도
- 사례기록 작성 방법
- 실습일지를 포함한 각종 보고서 작성 방법

② 실습내용에 대한 직접적인 슈퍼비전을 실시한다.
- 실습일지를 정기적으로 점검하고 피드백을 준다.
- 실습과정에서 작성하게 되는 사례기록, 집단활동기록, 지역사회분석, 조직분석 등에 대한 슈퍼비전을 준다.
- 그 외의 사항에 대해 정기적인 슈퍼비전 시간을 가진다.

4) 대학에서의 실습세미나

(1) 실습세미나 시간 및 횟수

대학에서는 실습지도교수가 1회당 2시간 이상의 실습세미나를 총 15회 이상 실시하여야 한다. 이 경우 정보통신망을 이용한 온라인 교육을 실시하는 교육기관의 실습세미나에는 대면 방식의 세미나가 총 3회 이상 포함되어야 한다.

(2) 실습기관 방문 및 실습상황 검토

대학의 실습지도교수는 다음의 목적을 위해 최소 1회 이상 실습기관에 대한 방문(학과 방침에 따라 학과 교수의 실습기관 방문도 가능)과 더불어 유무선의 연락을 통해 실습지도자와 유기적인 교류를 하며, 실습기관과 긴밀한 관계를 유지한다.

① 실습지도자와 학생별 실습목표를 협의하기 위해

② 학생의 실습목표 성취 정도와 실습상황을 검토하기 위해

③ 실습 관련 문제 발생을 예방하거나 문제상황을 중재하기 위해

(3) 실습보고서를 통한 슈퍼비전 제공

① **실습보고서 제출** : 실습생은 실습일지, 사례기록, 집단지도 보고서 등 각종 보고서를 작성하여 실습기관 실습지도자의 확인을 받은 후 대학의 실습지도교수에게 제출한다.

② **실습지도교수의 슈퍼비전** : 실습지도교수는 실습보고서를 기반으로 해당 학생과 개별 또는 집단 면담을 통해 슈퍼비전을 제공한다. 실습 시 문제상황이

발생하거나 학생에 대한 옹호가 필요할 경우, 실습지도자와 협의하여 문제점을 해결한다.

③ 실습내용과 관련된 참고문헌을 소개하여 학생 스스로 활용할 수 있도록 한다.

(4) 실습세미나 수업을 통한 슈퍼비전 제공

① 실습과정에서 드러난 학생의 강점과 약점을 점검하고, 사회복지사로서의 역량을 강화할 수 있도록 지도한다.

② 현장에서의 경험, 즉 사회복지실천 방법 및 기술을 정리하여 학교에서 배운 지식과 통합할 수 있도록 지도한다.

③ 실습현장에서 직·간접적으로 경험한 사회복지실천과정이 다양한 클라이언트 체계에 미치는 영향에 대해 탐색하도록 지도한다.

④ 사회복지조직으로서의 실습기관의 조직, 정책, 행정적 절차 및 기능과 역할에 대해 이해하도록 지도한다.

⑤ 기관이 속한 지역사회 욕구를 파악하고 이를 기반으로 서비스를 수행하고 있는지에 대해 분석, 평가할 수 있도록 지도하고 지역사회기관 간의 연계활동에 대해 이해할 수 있도록 지도한다.

⑥ 실습내용을 사회복지정책 및 사회복지법규, 제도와 연계하여 이해하도록 지도한다.

⑦ 사회복지실천현장에서 직면하는 윤리적 딜레마에 대한 토의를 통해 대안을 도출할 수 있도록 지도한다.

⑧ 사회복지사로서의 전문적 자아 인식과 전문적 정체성을 수립할 수 있도록 지도한다.

⑨ 실습생이 자신의 실습과정에 대한 자기반성적 고찰을 통해 반영적 실천을 경험하도록 지도한다.

5) 실습 평가

(1) 평가 시기

- 학기 중 실습 시 평가 : 중간, 학기말
- 방학 중 실습 시 평가 : 실습기간 중 중반기, 실습기간 중 종결시기

(2) 평가 주체

학생, 기관의 실습지도자, 대학의 실습지도교수 등 3자 공동

(3) 성적

기관실습 종료 후 기관의 실습지도자가 부여한 평가점수와 실습지도교수가 부여한 평가점수를 합산하여 대학의 실습지도교수가 최종 성적을 부여한다.

3. 사회복지사업법상의 사회복지사 자격

1) 사회복지사업법에 의거한 사회복지사 자격규정

사회복지학을 전공하여 사회복지사가 되기 위해 사회복지교과목을 수강하고 최종 현장실습을 수강하는 학생을 위해 다시 한번 사회복지사 자격에 대해 상기시킬 필요가 있다. 이는 대학을 졸업한 후 사회복지사로서 실무에서 일하게 되는 사회복지사들에게 자신의 자격이 개인적으로나 사회적으로 매우 중요한 자격이라는 것을 일깨우고 현장에서의 자신의 역할을 충실히 할 수 있는 기준이 되기 때문이다.

사회복지사업법은 이 법의 목적을 다음과 같이 강조하고 있다.

> 제1조(목적) 이 법은 사회복지사업에 관한 기본적 사항을 규정하여 사회복지를 필요로 하는 사람에 대하여 인간의 존엄성과 인간다운 생활을 할 권리를 보장하고 사회복지의 전문성을 높이며, 사회복지사업의 공정 · 투명 · 적정을 도모하고, 지역사회복지의 체계를 구축하고 사회복지서비스의 질을 높여 사회복지의 증진에 이바지함을 목적으로 한다. <개정 2012. 1. 26., 2017. 10. 24.>

사회복지사업법에 의해 규정된 사회복지사자격증 발급과 결격사유, 자격취소 등을 확인하여야 한다.

제11조(사회복지사 자격증의 발급 등) ① 보건복지부장관은 사회복지에 관한 전문지식과 기술을 가진 사람에게 사회복지사 자격증을 발급할 수 있다. 다만, 자격증 발급 신청일 기준으로 제11조의2에 따른 결격사유에 해당하는 사람에게 자격증을 발급해서는 아니 된다. <개정 2019. 12. 3.>

② 제1항에 따른 사회복지사의 등급은 1급ㆍ2급으로 하되, 정신건강ㆍ의료ㆍ학교 영역에 대해서는 영역별로 정신건강사회복지사ㆍ의료사회복지사ㆍ학교사회복지사의 자격을 부여할 수 있다. <개정 2017. 10. 24., 2018. 12. 11.>

③ 사회복지사 1급 자격은 국가시험에 합격한 사람에게 부여하고, 정신건강사회복지사ㆍ의료사회복지사ㆍ학교사회복지사의 자격은 1급 사회복지사의 자격이 있는 사람 중에서 보건복지부령으로 정하는 수련기관에서 수련을 받은 사람에게 부여한다. <개정 2018. 12. 11.>

④ 제2항에 따른 사회복지사의 등급별ㆍ영역별 자격기준 및 자격증의 발급절차 등은 대통령령으로 정한다. <신설 2018. 12. 11.>

⑤ 보건복지부장관은 제4항에 따른 사회복지사 자격증을 발급받거나 재발급받으려는 사람에게 보건복지부령으로 정하는 바에 따라 수수료를 내게 할 수 있다. <개정 2018. 12. 11.>

⑥ 제1항에 따라 사회복지사 자격증을 발급받은 사람은 다른 사람에게 그 자격증을 빌려주어서는 아니 되고, 누구든지 그 자격증을 빌려서는 아니 된다. <신설 2020. 3. 31.>

⑦ 누구든지 제6항에 따라 금지된 행위를 알선하여서는 아니 된다. <신설 2020. 3. 31.>

제11조의2(사회복지사의 결격사유) 다음 각 호의 어느 하나에 해당하는 사람은 사회복지사가 될 수 없다. <개정 2017. 10. 24.>

1. 피성년후견인 또는 피한정후견인
2. 금고 이상의 형을 선고받고 그 집행이 끝나지 아니하였거나 그 집행을 받지 아니하기로 확정되지 아니한 사람
3. 법원의 판결에 따라 자격이 상실되거나 정지된 사람
4. 마약ㆍ대마 또는 향정신성의약품의 중독자

5. 「정신건강증진 및 정신질환자 복지서비스 지원에 관한 법률」 제3조 제1호에 따른 정신질환자. 다만, 전문의가 사회복지사로서 적합하다고 인정하는 사람은 그러하지 아니하다. [전문개정 2011. 8. 4.]

제11조의3(사회복지사의 자격취소 등) ① 보건복지부장관은 사회복지사가 다음 각 호의 어느 하나에 해당하는 경우 그 자격을 취소하거나 1년의 범위에서 정지시킬 수 있다. 다만, 제1호부터 제3호까지에 해당하면 그 자격을 취소하여야 한다.

1. 거짓이나 그 밖의 부정한 방법으로 자격을 취득한 경우
2. 제11조의2 각 호의 어느 하나에 해당하게 된 경우
3. 자격증을 대여·양도 또는 위조·변조한 경우
4. 사회복지사의 업무수행 중 그 자격과 관련하여 고의나 중대한 과실로 다른 사람에게 손해를 입힌 경우
5. 자격정지 처분을 3회 이상 받았거나, 정지 기간 종료 후 3년 이내에 다시 자격정지 처분에 해당하는 행위를 한 경우
6. 자격정지 처분 기간에 자격증을 사용하여 자격 관련 업무를 수행한 경우

② 보건복지부장관은 제1항 제4호에 해당하여 사회복지사의 자격을 취소하거나 정지시키려는 경우에는 제46조에 따른 한국사회복지사협회의 장 등 관계 전문가의 의견을 들을 수 있다. <신설 2020. 3. 31.>

③ 제1항에 따라 자격이 취소된 사람은 취소된 날부터 15일 내에 자격증을 보건복지부장관에게 반납하여야 한다. <개정 2020. 3. 31.>

④ 보건복지부장관은 제1항에 따라 자격이 취소된 사람에게는 그 취소된 날부터 2년 이내에 자격증을 재교부하지 못한다. <신설 2017. 10. 24., 2020. 3. 31.>

[본조신설 2016. 2. 3.]

대학의 사회복지학과를 졸업하면 2급 자격을 획득할 수 있으며 1급의 경우는 국가시험을 응시하고 합격하여야 받을 수 있다. 또한 사회복지현장에서 일하게 될 경우는 매년 보수교육을 받아야 한다.

제12조(국가시험) ① 제11조 제3항에 따른 국가시험은 보건복지부장관이 시행하되, 시험의 관리는 대통령령으로 정하는 바에 따라 시험관리능력이 있다고 인정되는 관계 전문기관에 위탁할 수 있다.

② 보건복지부장관은 제1항에 따라 국가시험의 관리를 위탁하였을 때에는 그에 드는 비용을 예산의 범위에서 보조할 수 있다.

③ 제1항에 따라 시험의 관리를 위탁받은 기관은 보건복지부장관의 승인을 받아 정한 금액을 응시수수료로 받을 수 있다.

④ 시험 과목, 응시자격 등 시험의 실시에 필요한 사항은 대통령령으로 정한다.

[전문개정 2011. 8. 4.]

제13조(사회복지사의 채용 및 교육 등) ① 사회복지법인 및 사회복지시설을 설치・운영하는 자는 대통령령으로 정하는 바에 따라 사회복지사를 그 종사자로 채용하고, 보고방법・보고주기 등 보건복지부령으로 정하는 바에 따라 특별시장・광역시장・특별자치시장・도지사・특별자치도지사(이하 "시・도지사"라 한다) 또는 시장・군수・구청장에게 사회복지사의 임면에 관한 사항을 보고하여야 한다. 다만, 대통령령으로 정하는 사회복지시설은 그러하지 아니하다. <개정 2016. 2. 3., 2017. 10. 24.>

② 보건복지부장관은 사회복지사의 자질 향상을 위하여 필요하다고 인정하면 사회복지사에게 교육을 받도록 명할 수 있다. 다만, 사회복지법인 또는 사회복지시설에 종사하는 사회복지사는 정기적으로 인권에 관한 내용이 포함된 보수교육(補修教育)을 받아야 한다. <개정 2012. 1. 26.>

2) 사회복지현장실습 관련기준

사회복지사업법 시행규칙 제3조에서 명시하고 있는 사회복지현장실습 교과목에 관한 기준은 실습기관, 실습지도자, 실습시간에 대해 별도 규정하고 있다.

특히 2020년부터는 사회복지사의 전문성을 강화하기 위하여 사회복지사 자격취득에 필요한 사회복지학 전공교과목과 사회복지 관련 교과목, 학점기준을 강화하고 사회복지현장실습의 내실화를 기하고자 법을 개정하였다.

(1) 실습기관의 법적 기준

실습기관에서는 실습슈퍼비전을 제공하기 위해 반드시 자격 있는 사회복지사 인력을 2명 이상 갖추어야 한다. 즉, 슈퍼바이저는 1급 사회복지사 자격증을 취득한 이후 3년 이상의 사회복지사업 실무경험이 있거나 2급 사회복지사 자격증을 취득한 이후 5년 이상의 사회복지사업 실무경험이 있어야 한다. 기관실습이 실시되는 전년도에 8시간 이상의 보수교육을 받았으며 기관실습 지도자 1명이 동시에 지도할 수 있는 학생 수는 5명 이내로 실습하여야 한다.

(2) 실습시간 기준

사회복지현장실습으로 인정받기 위해서 법적 기준은 이수학점 3학점, 160시간 이상의 실습이 진행되어야 한다.

(3) 실습지도교수 기준

대학에서는 1회당 2시간 이상의 실습세미나를 총 15회 이상 실시해야 한다. 이 경우 정보통신망을 이용한 온라인 교육을 실시하는 교육기관의 실습세미나에는 대면 방식의 세미나가 총 3회 이상 포함되어야 한다. 실습지도교수는 학사, 석사 또는 박사 학위 중 2개 이상의 학위를 사회복지학 전공으로 취득한 사람으로서 3년 이상의 사회복지학 교육경험 또는 3년 이상의 사회복지사업 실무경험이 있는 교수가 지도하여야 한다. 한 세미나에 참여하는 학생 수는 30명 이내이어야 한다.

(4) 실습생 기준

교육기관에서 지정하는 실습 전 선수과목을 이수하되, 전공과목 4개, 선택과목 2개를 이수하여야 한다는 일부 의견도 있으나 실습은 최소한 4년제 대학의 경우 3학년 1학기 전공과 선택과목을 이수한 후, 전문대생의 경우 전공과 선택 교과목에 대해 1학년에 편성된 전공교과목들을 모두 이수한 후, 편입생의 경우 3학년 혹은 4학년 1학기 전체 관련 교과목을 이수한 후에 실습에 임하여야 한다. 최소 17개 교과목 중 10개 이상은 이수한 후 실습에 임하는 것이 효과적이다.

학생들은 현장실습에 대한 부담감 때문에 빨리 실습을 마치고 다른 관련 교과목을 이수하여야 한다고 생각하여 무리하게 실습을 신청하게 되는데, 이는 실습기관의 기대에도 전혀 부응하지 못할 뿐 아니라 학생도 준비되지 못한 이론적 기반에 대해 부족함을 경험하게 되어 실습을 위한 실습이 될 뿐이며 실제적인 현장실습을 경험하는 것은 매우 어렵게 된다. 또한 실습을 1회에만 그치는 것이 아니라 2학기 실습을 통해 다양한 기관의 실습경험을 갖는 것 또한 필요할 것이다.

3) 사회복지현장실습 유의사항

① 자격증 발급 신청 시 사회복지사협회 양식인 '사회복지현장실습확인서'를 제출하여야 한다(실습확인서 양식은 실습을 이수한 해당연도 이전 양식으로 제출할 수 없음. 실습 당시 또는 현행 양식으로 제출하여야 함).

- 실습확인서 재발급 시 확인 날짜는 재발급받은 날짜로 작성하여야 한다(양식은 실습 당시 또는 현행 양식으로 제출하여야 함).
- 기관폐쇄로 실습확인서 재발급이 안 될 경우 학교(교육기관) 측이 소장한 원본이 있는지 확인하여, 그 사본을 원본대조필 받아 제출하여야 한다(원본대조필은 사본 제출에 대한 사유, 해당 사무담당자 성명과 연락처, 학과장 직인이 모두 있어야 인정).
- 실습지도자나 실습지도교수의 부재(사망, 퇴사 등)로 인한 서명 확인 불가능 시, 실제 지도받은 이의 성명을 명시하고, 서명만 다음 각 호에 따라 대리 서명할 수 있다.
  - 실습지도자 부재 시, 기관대표자 또는 현행 실습지도자가 대리 서명하고, 대리 서명한 곳 옆에 대리 서명 사유를 자필로 명시한 뒤 서명자 이름과 함께 서명자 개인도장을 날인한다.
  - 실습지도교수 부재 시, 학과장이 대리 서명하고, 대리 서명한 곳 옆에 대리 서명 사유를 자필로 명시한 뒤 학과장 직인(개인도장은 인정 안 됨)을 날인한다.
- 실습확인서는 반드시 원본을 제출해야 하며, 실습지도자, 실습기관, 실습지도교수 서명이 모두 확인되어야 한다. 복사하거나 스캔받아 인쇄한 서류 등은 인정하지 않으며, 사본제출 시 다음 각 호에 따라 원본대조필 확인을 받은 것만 인정한다.
  - 기관에서 원본대조필을 받을 경우 : 원본대조필 도장, 사본 제출에 대한 사유, 해당 사무담당자 성명과 연락처, 기관 직인이 모두 있어야 인정한다.

– 학교(교육기관)에서 원본대조필을 받을 경우 : 원본대조필 도장, 사본 제출에 대한 사유, 해당 사무담당자 성명과 연락처, 학과장 직인(개인도장은 인정 안 됨)이 모두 있어야 인정한다.

② 동일 직장 내에서 실습을 하는 경우는 인정하지 않는다.

③ 실습이수 중 실습지도자를 중간에 변경할 경우 법적 기준에 맞는 실습지도자가 지도하여야 하며 실습확인서는 전·후 지도자에게 각각 확인받아야 한다(총 2장 이상).

④ 군인, 공익근무요원 등 관계 법령에 의거 특별한 신분을 가지고 있는 자는 해당 법령에 따른 허가를 받은 경우에만 실습을 시행할 수 있다.

⑤ 해외 사회복지시설에서의 현장실습은 인정되지 않는다.

⑥ 자원봉사활동이나 단순 기관방문, 마을축제 방문 등은 사회복지현장실습에 포함되지 않으며, 실습생이 실습기관에 출석하지 않고 알선업체를 통한 허위 실습이나 인터넷 등을 통한 실습은 인정되지 않는다(한국사회복지사협회, 2018).

[예시 1] 실습생 프로파일

1. 인적사항

<table>
<tr><td rowspan="5">사 진
(3cm×4cm)</td><td>이 름</td><td></td><td>생년월일</td><td colspan="3"></td></tr>
<tr><td>소 속</td><td></td><td>학과/전공</td><td></td><td>학년/학기</td><td></td></tr>
<tr><td>현주소</td><td colspan="5"></td></tr>
<tr><td>연락처</td><td colspan="5"></td></tr>
<tr><td>E-Mail</td><td colspan="5"></td></tr>
</table>

2. 이수 전공과목

교과목명	이수 완료	현재 이수	교과목명	이수 완료	현재 이수	교과목명	이수 완료	현재 이수
사회복지학개론			인간행동과 사회환경			사회복지실천론		
사회복지실천 기술론			지역사회복지론			사회복지정책론		
사회복지행정론			사회복지법제와 실천			사회복지조사론		
사회복지자료 분석론			프로그램개발과 평가			가족복지론		
아동복지론			청소년복지론			노인복지론		
여성복지론			장애인복지론			정신건강론		
정신건강사회 복지론			의료사회복지론			학교사회복지론		
산업복지론			자원봉사론			사회문제론		
사회복지역사			사회보장론			교정복지론		
사회복지윤리와 철학			사회복지지도 감독론			빈곤론		
가족상담 및 가족치료			국제사회복지론			복지국가론		
사회복지와 인권			사회복지와 문화다양성			사례관리론		

3. 실습신청기관

기관명			
기관주소			
기관 연락처	전화 : 팩스 :	한국사회복지사협회 '사회복지현장실습 기관' 등록 여부 (http://lic.welfare.net/lic/SearchPracticeOrgan.action)	등록
실습기간	년 월 일 – 년 월 일(총 ○○일 ○○○시간) (오리엔테이션 일정 : 년 월 일 시)		

4. 경력

구분 (취업, 실습, 봉사)	기관	기간	내용
봉사	○○○복지관	2022년 0월 0일	학습지원봉사
봉사	○○○지역아동센터	2021년 0월 0일	학습지원봉사
봉사	○○○자원봉사센터	2020년 0월 0일	학습지원봉사

5. 사회복지를 전공하게 된 동기

고등학교에서 사회적 이슈로 인한 사회복지 관련 서비스 수요 증가가 이루어지고 있으며 사회적 이슈에 대한 예방과 솔루션을 제시하고 해결하는 사회복지사라는 직업에 대해 알게 되었습니다.
이에 사회복지서비스를 직접적으로 전하는 사회복지학과에서 공부하고 싶다는 생각으로 전공하게 되었습니다. 사회복지의 가치와 이론, 실천을 학습하고 Client에게 보다 나은 전문성과 실천 기술을 전하는 사회복지사가 되고 싶습니다. 특히 지역주민의 삶의 질과 복지서비스 향상에 기여하는 지역복지 전문가가 되고 싶습니다.

6. 실습기관 선택 이유

※ 실습기관에 대해 홈페이지를 참고하여 자신의 학습내용과 기관의 가치, 비전 등과 일치하는지 등을 고려하여 작성한다.

7. 실습을 통해서 성취하고자 하는 목표

① 지역사회복지관의 전반적인 업무를 이해하고 행정 관련(공문, 서류 등) 업무를 보조할 수 있다.
② 지역사회복지관의 지역사회 자원 연계 방법을 알 수 있다.
③ 지역사회복지관의 사례관리와 주민조직화에 대한 업무에 참여하여 서비스를 지원할 수 있다.
④ 주민의 여러 가지 문제해결 방법을 이해하고 설명할 수 있다.

8. 실습을 마친 후 목표달성 정도를 파악할 수 있는 기준

① 기관분석, 중간, 종결 평가를 통해 실습지도자로부터 실습내용 및 지식과 기술에 대해 피드백을 받는다.
② 지역사회복지관의 자원 연계 방법에 대해 보고서를 작성하고 실습지도자로부터 수행 내용에 대해 피드백을 받는다.
③ 다양한 서비스방법을 배우고, 경험하여 실습지도자로부터 수행 내용에 대해 피드백을 받는다.
④ 상담사례와 다양한 기술을 관찰하여 보고서를 작성하고 실습지도자로부터 수행 내용에 대해 피드백을 받는다.

9. 사회복지를 실천하는 데 있어 자신의 강점과 약점

사회복지 지식 및 기술의 측면	개인적인 특성 측면
① 강점 인간행동과 사회환경에 대한 학습을 통해 인간과 환경의 중요성을 인식하고 있습니다. 또한 평생교육원에서 학습한 미술심리상담사 과정을 통해 전문적인 지식을 가지고 있는 것이 강점입니다. ② 약점 아동복지 현장에 대한 경험 부족이 약점이며, 실습을 통해 현장을 경험하면서 부족한 부분을 깨닫고 더 보완할 수 있도록 노력하겠습니다.	① 강점 적극적 경청과 공감으로 다른 사람과의 소통이 잘 되는 것이 강점입니다. 또한 다양한 기관에서의 봉사 경험이 저음 만난 대상들과 상호작용하는 데 효과적일 것으로 생각됩니다. ② 약점 과묵한 점이 약점이며, 실습을 통해 지역주민과의 적극적인 소통으로 약점을 극복하는 좋은 계기가 될 수 있을 것입니다.

10. 취미 및 특기

※ 현장에서 활용될 수 있는 취미나 특기를 적는 것이 효과적이다.

11. 실습기관, 실습지도자 및 실습지도교수에게 바라는 점

① 실습기관

실습기관의 운영체계와 지역아동을 위해 진행되는 서비스, 교육 프로그램에 참여할 수 있도록 시간을 배려해 주시면 좋겠습니다.

② 실습지도자

전문가로서 직접 경험한 현장의 업무에 대해 지도해 주시면 감사하겠습니다. 성실하고, 적극적인 자세로 실습에 임하겠습니다.

③ 실습지도교수

전문지식이 아직 많이 부족하고, 현장 경험도 없지만 성실하고 적극적인 자세로 실습에 임하여 전문가가 될 수 있도록 노력하겠습니다. 많은 조언과 지도를 부탁드립니다.

신청인(학생명) : ____________________ 인

실습지도교수 : ____________________ 인

사회복지학과장 : ____________________ 인

CHAPTER 02

사회복지현장실습 단계

1. 대학에서의 실습준비단계
2. 실습기관 차원의 준비단계
3. 실습기관의 오리엔테이션
4. 실습기관 차원의 중기단계
5. 실습기관 차원의 종결단계
6. 사회복지현장실습 평가단계

CHAPTER 02

사회복지현장실습 단계

1. 대학에서의 실습준비단계

1) 대학의 실습 오리엔테이션

대학은 실습생들이 실습에 적극적으로 임할 것과 이를 위한 준비를 충분히 하도록 지도한다. 그리고 실습기관을 선정할 때 특히 유념하여 실습생들이 실습을 잘 받을 수 있는 기관인지 잘 살펴보아야 한다.

실습교육기관(학교)에서는 실습의 전반적인 과정에 대해 정보를 제공하고, 실습평가서, 실습일지, 실습생출근부 등 실습에 필요한 기본적 서류들을 준비할 수 있도록 해야 한다. 또한 학생들이 실습에 대한 목표와 계획을 세울 수 있도록 지도하고, 기관에서의 평가와 관련한 요소를 주지시키게 된다.

- 실습 전 유의사항
  - 실습의뢰 공문 : 대학에서는 아래의 내용을 확인하여 실습기관에 실습학생의 실습허가승인에 대한 공문발송을 하여야 한다.
  - 실습신청서 작성
  - 공문 발송 여부 확인
  - 실습생 프로파일 작성
  - 실습시간은 160시간이며 야간, 공휴일, 토, 일도 가능. 하루 최소 4시간 이상 8시간만 인정되며 점심 저녁 식사시간은 실습시간에서 제외됨(점심 12:00~13:00, 저녁 18:00~19:00)

- 실습생의 실습시간에는 실습지도자가 있어야 함

- 실습 종료 후 교육기관(학교) 제출서류
  - 사회복지현장실습확인서 1부(원본)
  - 실습평가서(교육기관 발송용) 1부
  - 시설인가증 사본
  - 실습지도자 자격증 사본

2) 실습 중 유의사항

실습 오리엔테이션이 끝나면 실습이 가능하며 실습 시작일은 반드시 실습지도교수와 상의한다. 실습 확인 가능한 장면을 사진 촬영하여 1일 1장으로 부착하는 경우도 있으나 사진을 찍느라 현장실습에 방해를 주는 경우도 있으므로 최소한 자신의 실습을 인정받을 수 있는 사진으로 준비한다. 현장실습확인을 위하여 지도교수가 현장을 방문할 경우 실습생은 실습지도교수와 실습기관 책임자(슈퍼바이저)와 함께 기관의 현판 앞에서 사진촬영하여 일지에 부착하도록 한다. 학교 출석수업, 직장근무시간, 해외 출국 시 실습이 인정되지 않는 것을 유의한다.

2. 실습기관 차원의 준비단계

실습준비단계는 효과적인 실습의 토대작업을 진행하는 과정이다. 실습준비단계는 실습 교육과정에서 수행될 내용을 사전에 점검하면서 슈퍼비전이 효과적으로 제공될 수 있도록 기본 틀을 구축하는 과업을 수행한다. 준비단계에서 실습지도자는 사회복지현장실습을 원활하게 진행하기 위해 실습 시작 전 수행해야 할 과업리스트를 작성하고 이행 여부를 점검하면서 실습을 준비할 수 있다. 사회복지현장실습 준비단계에서 확인해야 할 사전준비 점검표의 내용은 <표 2-1>과 같다.

〈표 2-1〉 실습 사전준비 점검표 예시

실습생 모집	실습생 모집공고 (최소 2주간 기관홈페이지, 한국사회복지사협회 홈페이지 등에 공지)	□예 □아니요
	실습생 모집공고 내용의 적절성 (실습내용, 기간, 모집절차, 실습비용 등의 내용의 적절성)	□예 □아니요
	실습생 모집 절차의 충분성 [실습 시작 전 충분한 시간적 여유(최소 2개월)를 두고 진행]	□예 □아니요
실습생 선발, 배치	실습생 선발조건의 명시(선수과목, 봉사경험, 업무 태도 등)	□예 □아니요
	실습생 선발을 위한 절차가 정해져 있음(서류검토, 면접심사 등)	□예 □아니요
	실습생 선발결과에 대해 공식적인 공지를 함	□예 □아니요
	실습생을 배치할 경우 실습생의 희망과 실습업무의 특성을 고려하고자 함	□예 □아니요
실습 전 기본교육	실습 시작 전 실습생을 대상으로 실습준비모임 진행(2주 전)	□예 □아니요
	실습기관의 목적, 사업, 구조, 재정 등 기관에 대한 오리엔테이션 실시	□예 □아니요
	기관이 속한 지역사회에 대한 이해를 도모하기 위한 교육 실시	□예 □아니요
	실습생의 역할, 실습 태도 및 자세 등에 대한 교육 실시	□예 □아니요
실습지도 환경	실습지도를 위한 물리적 환경 확보(공간, 자리 등)	□예 □아니요
	실습업무를 수행하는 장소(지역사회, 가정방문)의 안전 확인	□예 □아니요
	실습기간 동안 실습생의 소지품 보관 등 편의제공을 위한 조치	□예 □아니요
	실습업무 중 사무기기 사용 및 소모품 제공 사전조치	□예 □아니요
	외부활동 등 실습과정의 안전과 관련된 제도 마련	□예 □아니요
실습교육 공식화	교육기관에 실습확정 공문 발송	□예 □아니요
	실습교육기관, 실습생, 실습지도자 간 실습계약	□예 □아니요
	실습기간 중의 의무사항에 대한 안내 및 서약서 작성	□예 □아니요

1) 실습생 모집, 면접, 선발

(1) 실습생 모집방법

실습기관의 실습지도자는 실습내용과 일정 등을 포함한 실습계획을 수립하여 교육기관에 실습생 모집에 관한 공문을 보내거나 사회복지 관련 홈페이지에 공지를 하게 된다. 이때 실습기관이 인증을 받았는지 확인하고 인증을 받지 않았다면 인증절차를 밟아 인증기관으로 등록해야 한다.

한국사회복지사협회 자격관리센터 홈페이지(www.lic.welfare.net) 실습기관정보 게시판을 참고하거나 한국사회복지사협회 구인란의 공고를 확인한다.

① 모집내용

기관소개, 실습진행 일정, 실습내용, 실습인원, 실습접수기한, 문의전화, 담당자 등의 카테고리별로 실습생이 참고할 만한 내용을 담은 글 게시

② 실습생의 면접

- 면접시기 : 전화접수 후 혹은 이메일(팩스) 접수 후 00일 이내 방문면접
- 면접방법 : 기관방문 실습담당자와 실습생의 1:1 면접

③ 면접내용

- 실습생 : 기관방문으로 기관 분위기 확인, 문의사항 질의
- 실습기관 : 실습생의 해당기관 실습의 적격 여부 확인

④ 면접기준

- 실습을 수행하기 위한 교과목 이수 여부
- 관련 분야 교과목 이수 여부 : 장애인복지 분야 응시 실습생의 경우 장애인복지론을 이수하였는지 확인
- 관련 분야에서의 자원봉사 경험 여부
- 실습에 대한 동기 및 해당 기관의 실습 욕구 정도 확인

⑤ 선발

– 면접기준을 바탕으로 실습정원 내 선발, 확정 연락

2) 실습시작에 따른 제반 업무

(1) 실습슈퍼비전을 위한 사전준비사항 점검

실습을 진행하기 전에 수행되어야 하는 과업에 대해 체크리스트를 만들어 준비 정도를 점검하여 미흡한 사항이 없는지 확인할 수 있다. 실습생의 선발과 배치, 실습생에게 부과되는 실습내용의 적절성, 실습 수행 장소, 실습을 위한 기관의 시설 및 재정지원, 실습개시를 위한 실습대학과의 행정적인 업무 등이 사전에 수행되어야 한다.

(2) 슈퍼비전 준비를 위한 실습생 교육진단

실습슈퍼비전을 효과적으로 진행하기 위해서는 실습생의 지식과 기술 등 실습과 관련된 상황에 대해 파악하는 과정이 요구된다. 양옥경(2007)은 슈퍼비전을 진행할 때 슈퍼바이저가 실습생에 대한 자신의 기대를 설정하고 그에 맞춰서 슈퍼비전을 진행하는 것이 아니라 슈퍼바이지인 실습생이 있는 곳에서 슈퍼비전을 시작하는 것이 바람직하다고 제시하고 있다. 이는 실습준비단계는 실습생의 교육욕구를 사전에 파악하여 실습시간 동안 행해질 슈퍼비전의 목표를 실습생과 함께 설정하는 작업이 요구된다.

3) 준비단계의 실습지도자의 역할

(1) 실습기관의 실습지도 준비와 관련된 역할

① 실습 전 준비사항을 점검하고 미비점 보완하기

② 선발된 실습생 확정하여 공지하기

③ 사전미팅과 실습일정 고지하기

(2) 실습 진행 전 행정절차 및 계약 관련 역할

① 실습대학의 실습 의뢰공문 접수

실습기관은 선정된 실습생이 소속된 교육기관에 실습의뢰 수락서를 공문으로 발송한다. 상황에 따라 실습생이 직접 실습기관을 선정할 수 있으나, 실습기관 선정에 필요한 교육기관 간 행정절차(실습생 선정 공문발송, 실습의뢰 수락서 공문발송 등)는 반드시 거쳐야 한다. 공문발송 없이 실습을 시작할 경우 무효처리 되는 경우가 있으므로 반드시 점검해야 한다.

② 실습계약 체결

③ 실습서약서 작성

④ 실습비용 및 실습비 수령방법 안내

(3) 실습생 사전교육 및 실습준비를 위한 역할

효과적인 실습 진행을 위한 실습생 사전교육은 실습일정보다 2~4주 전에 수행하는 것을 권한다. 사전 오리엔테이션에는 다음과 같은 내용이 포함된다.

① 실습생의 자세와 역할, 태도에 관한 안내

② 실습일정과 실습내용에 관한 안내

③ 실습기관 및 지역사회에 관한 안내

④ 실습생의 실습기대와 욕구 파악

⑤ 실습생의 교육욕구 진단 및 개별과제 부여

⑥ 실습슈퍼비전 계획 수립 : [예시 2] 실습슈퍼비전 계획서

⑦ 실습보고서 양식 소개(한국사회복지사협회 표준양식 사용 권고)

[예시 2] 실습슈퍼비전 계획서

<table>
<tr><td rowspan="4">**초기 단계**</td><td rowspan="3">• 예비사회복지사로서의 업무태도와 자세를 이해한다.
• 기관과 지역사회에 대해 이해한다.</td><td>기관소개</td><td>• 기관의 역사와 조직구조에 대한 이해</td></tr>
<tr><td>부서교육</td><td>• 각 부서별 사업에 대한 이해
• 클라이언트에 대한 이해
• 지역사회에 대한 이해</td></tr>
<tr><td>실습업무 실시</td><td>• 집단 프로그램 계획 및 진행, 평가
• 사례관찰 및 면담, 사례회의 참관
• 기타 프로그램 참관
• 행정업무 보조</td></tr>
<tr><td>슈퍼비전 내용</td><td colspan="2">• 실습지도자-실습생의 관계형성
• 실습계약서 작성
• 실습목표의 구체화
• 실습생의 역할 이해 및 상호 의무와 기대 공유
• 교육일정과 내용 및 과제에 관한 공지
• 기관구조 및 사업 관련 교육 진행
• 기관 내 기록서식에 대한 교육
• 사회복지사 윤리강령의 이해 및 적용</td></tr>
<tr><td rowspan="3">**중기 단계**</td><td rowspan="2">• 사회복지지식과 기술을 정밀화한다.
• 실습생이 하는 업무에 자신감을 갖도록 돕는다.</td><td>실습업무 점검</td><td>• 슈퍼비전 일지점검, 기록점검, 과제점검, 프로그램 계획서 피드백</td></tr>
<tr><td>중간평가</td><td>• 실습내용 및 역할 요약, 실습을 통해 배운 점, 어려운 점, 개선사항 등</td></tr>
<tr><td>슈퍼비전 내용</td><td colspan="2">• 근무자세 및 태도에 대한 점검 및 피드백
• 과제 수행내용에 대한 피드백
• 자아인식(강점 및 약점)에 관한 인터뷰 진행
• 중간평가를 통해 목표 달성 정도, 배운 점, 건의사항 등에 대해 논의
• 사례관리 및 집단 프로그램 등 역할수행의 강점 공유 및 피드백 제공</td></tr>
<tr><td rowspan="4">**종결 단계**</td><td rowspan="3">• 종결을 준비한다.
• 실습수행내용 전반에 대해 평가한다.</td><td>종결평가
(실습생평가)</td><td>• 실습과정 약술발표, 배운 점, 실습내용 전반적 평가, 기관에 대한 제언 등</td></tr>
<tr><td>실습지도 평가</td><td>• 실습기관과 실습지도자 실습내용에 대한 실습생의 평가</td></tr>
<tr><td>평가 및 평가서 발송</td><td>• 슈퍼바이저의 실습생 업무내용 전반에 대한 피드백
• 실습평가서 학교로 발송</td></tr>
<tr><td>슈퍼비전 내용</td><td colspan="2">• 실습 종료와 관련된 원조관계의 이슈 지도(실습생 간, 실습생-클라이언트, 실습생-슈퍼바이저 등)
• 실습업무수행 내용의 성공경험 피드백 및 공유
• 실습목표달성 여부를 평가</td></tr>
</table>

3. 실습기관의 오리엔테이션

실습기관에서는 실습교육 실시 이전에 이를 위한 충분한 준비를 해야 한다. 실습책임자와 실습지도 담당자에 대한 확인에서부터 실습교육내용, 실습생들을 위한 공간 등의 준비가 이루어져야 한다.

실습교육 시작 전 또는 실습교육 첫날, 실습생들을 위한 체계적인 오리엔테이션을 실시한다. 실습기관에서의 오리엔테이션은 실습생이 예비사회복지사로서 기관에서 업무에 임하게 됨을 공식화하는 자리를 마련하는 중요한 의미를 가지기 때문이다.

1) 초기단계의 실습일정 구성(안)

<table>
<tr><th colspan="2">초기단계</th><th>1회</th><th>2회</th><th>3회</th><th>4회</th><th>5회</th></tr>
<tr><td rowspan="4">진행 구성</td><td>공통교육</td><td>실습 오리엔테이션</td><td>장애인 및 장애인 욕구에 대한 이해</td><td>지체, 지적 등 장애 유형에 대한 이해</td><td>장애인복지 제도 이해1 (장애인 복지 사업)</td><td>장애인복지 제도 이해2 (활동보조인 제도)</td></tr>
<tr><td>현장참여 실습 (오전)</td><td>실습기관 및 사업영역</td><td>장애인 체험 도구 착용</td><td>장애인복지 서비스</td><td>장애인복지 서비스</td><td>장애인복지 서비스</td></tr>
<tr><td>현장참여 실습 (오후)</td><td>라운딩, 관찰</td><td>체험을 통한 장애인 이해</td><td>사업진행 보조, 관찰, 모니터링</td><td>사업진행 보조, 관찰, 모니터링</td><td>사업진행 보조, 관찰, 모니터링</td></tr>
<tr><td>일일평가</td><td>실습일지 작성 및 피드백</td><td>실습일지 작성 및 피드백</td><td>실습일지 작성 및 피드백</td><td>실습일지 작성 및 피드백</td><td>실습일지 작성 및 피드백 초기단계 평가</td></tr>
<tr><td colspan="2">과제</td><td>실습생 프로파일 및 자기소개서 작성 제출</td><td colspan="4">초기 라포 형성</td></tr>
</table>

2) 실습일지의 작성

실습일지는 매일 기록해야 하며, 당일 퇴근시간이나 다음 날 출근 직후 정해진 시간에 실습지도자에게 제출해야 한다. 단순한 실습과정의 나열에 그치는 것이 아니라 어떠한 업무를 담당했는지, 그것을 통해 무엇을 배웠는지, 어떠한 생각을 했는지 등을 구체적으로 기록해야 한다.

실습일지는 실습지도자에게 제출되어 실습지도의 자료로 사용되기 때문에 실습 중의 의문사항, 불명확한 점이나 희망사항 등을 기록하여 전달할 수 있도록 한다. 실습일지를 작성하는 데 중요한 것은 실습이 발전적으로 진행되도록 하는 것이다.

실습지도자는 실습일지를 읽고 코멘트나 평가 결과를 기록하고 실습생은 이를 통해 학습의 기회를 갖게 되므로 일지에 대한 슈퍼비전은 매우 중요하다. 경우에 따라서 매일 기록을 남기지 못하는 경우가 있을 수도 있지만 실습지도자의 구두 코멘트가 있다면 빈 공간에 적어 두는 것도 도움이 된다. 이는 '제6장 사회복지현장실습의 기록'에서 자세히 다룬다.

3) 실습생의 출근부 작성

- 실습생 출근부는 절대 임의 수정이 불가(수정액, 삭제, 두 줄 긋기 등)하다.
- 출근시간과 퇴근시간은 실습생의 출근시간과 퇴근시간을 기록한다.
- 당일 시간을 적는 것이 원칙이며, 당일 이후의 시간을 미리 적는 것은 안 된다.
- 실습생과 실습지도사 확인란에는 도장 혹은 서명을 한다. 서명으로 하였으면 서명으로, 도장으로 하였으면 도장으로 일관되게 확인한다.
- 실습일자, 요일, 시간, 기록을 예시와 같이 확인한다.

  예 2023. 01. 03. (화) 09:00~18:00

4. 실습기관 차원의 중기단계

1) 중기단계 과업

초기단계에서 파악된 실습생의 업무수행 내용을 토대로 실습에서 요구되는 지식과 기술을 지속적으로 보완하도록 하며, 실습생이 수행한 과업에 대한 긍정적인 피드백을 통해 업무에 자신감을 가질 수 있도록 도와야 한다.

또한 여러 실습생이 함께 실습을 수행할 경우, 동료실습생 간 역할분담으로 인한 갈등상황은 없는지, 업무와 관련하여 부담이나 스트레스는 없는지, 그리고 클라이언트와 전문적인 관계를 유지하면서 윤리적인 실천의 노력, 대상자에 대한 이해는 충분한지, 실습지도에 대한 건의사항은 없는지 등을 파악하고 함께 논의하면서 실습을 통해 실습생이 전문적으로 성장할 수 있도록 지도 감독하는 것이 필요하다.

중기단계의 주요 과업 중 하나는 실습 1/2 시점에서 그동안의 실습내용과 과정에 대한 실습생의 평가를 통해 이후 실습의 발전적인 방향을 고색하는 실습중간평가이다. 중기단계는 또한 대학과 의사소통이 행해지는 적절한 시기이기도 하다. 중기단계의 실습내용과 과제물, 활용양식은 다음의 표와 같다.

〈표 2-2〉 중기단계의 실습 내용

* 제시된 활용양식은 기관의 실습업무의 상황에 따라서 활용시기가 다를 수 있음

단계	주요 내용	과제물	활용양식
중기단계	• 클라이언트(개별, 집단)의 욕구파악을 통한 프로그램 기획 및 실행 • 개별대상자에 대한 사정과 개입계획 작성 및 기록 • 타 기관 방문 • 사회조사 : 지역조사, 욕구조사	• 프로그램 참여 • 프로그램 개발 및 평가 • 중간평가 • 기관방문 • 지역사회조사	• 프로그램 참여 • 프로그램 개발 및 평가서 • 중간평가서 • 기관방문 보고서 • 지역사회조사서

2) 중기전기단계의 실습일정 구성(안)

<table>
<tr><th colspan="2">중기전기단계</th><th>6회</th><th>7회</th><th>8회</th><th>9회</th><th>10회</th></tr>
<tr><td rowspan="4">진행구성</td><td>공통교육</td><td>행정회계
공문서 작성의
원칙 및 실제
일상생활
체험</td><td>1. 기획,
홍보사업에
대한 이해</td><td>2. 자립지원
서비스에 대한
이해</td><td>3. 개별
서비스에 대한
이해</td><td>4. 의료지원
서비스에 대한
이해</td></tr>
<tr><td>현장참여실습
(오전)</td><td rowspan="2">사무행정 업무
실습</td><td rowspan="2">기관 홍보사업
현장체험</td><td rowspan="2">자립지원
서비스 사업
현장체험</td><td rowspan="2">개별서비스
사업 현장체험</td><td rowspan="2">의료지원
서비스 사업
현장체험</td></tr>
<tr><td>현장참여실습
(오후)</td></tr>
<tr><td>일일평가</td><td>실습일지
작성
및 피드백</td><td>실습일지
작성
및 피드백</td><td>실습일지
작성
및 피드백</td><td>실습일지
작성
및 피드백</td><td>실습일지
작성
및 피드백</td></tr>
<tr><td colspan="2">과제</td><td colspan="5">각 사업별 관찰보고서</td></tr>
</table>

3) 중기후기단계의 실습일정 구성(안)

<table>
<tr><th colspan="2">중기후기단계</th><th>11회</th><th>12회</th><th>13회</th><th>14회</th><th>15회</th></tr>
<tr><td rowspan="4">진행구성</td><td>공통교육</td><td>사회복지
기관의
지역사회
자원의 이해</td><td>인권교육</td><td>사례관리
양식의
사용법</td><td>사례회의
(슈퍼비전
제공)</td><td>사례회의
(슈퍼비전
제공)</td></tr>
<tr><td>현장참여실습
(오전)</td><td>대상자지원
사례관리에
대한 이해</td><td>내담자
상담의 이해</td><td>대상자 상담
및 행정양식
작성</td><td colspan="2">대상자 상담내용 및 사례관리</td></tr>
<tr><td>현장참여실습
(오후)</td><td>대상자 방문
(사회
복지사의
상담, 동행
관찰)</td><td>대상자 상담
(실습생만)</td><td>인테이크
기록지,
대상자
기록카드
작성, 사정표</td><td colspan="2">서식 정비
(계약서, 사례회의록 등 작성)</td></tr>
<tr><td>일일평가</td><td>실습일지
작성
및 피드백</td><td>실습일지
작성
및 피드백</td><td>실습일지
작성
및 피드백</td><td>실습일지
작성
및 피드백</td><td>실습일지
작성
및 피드백
중기후기평가</td></tr>
<tr><td colspan="2">과제</td><td colspan="5">담당 대상자 상담 및 사례관리 계획 수립
(※ 사례관리 양식에 맞추어 작성, 발표)</td></tr>
</table>

4) 주요 보고서 작성

(1) 기관분석 보고서 작성 방법과 실제

실습초기단계에 실습생은 실습기관에 대한 분석보고서를 작성한다. 실습기관 분석보고서에는 기관의 입지, 시설현황, 기관의 역사, 기관의 목적, 기관의 구조, 기관의 주요 사업내용 및 프로그램, 기관의 행정과 예산사항, 지역사회의 특성, 실습생의 견해 등의 내용이 포함된다. 이러한 기관분석 보고서 작성을 통해 실습생은 실습기관에 대한 적극적인 이해가 가능할 것이다(제10장에서 자세히 다룬다).

사회복지서비스는 지역사회에 대한 이해가 없이는 그 욕구에 대응하는 서비스가 불가능하며, 기관의 여건과 목적에 따라 좌우된다. 따라서 실습시작 전 기관에 대한 이해를 위해 검토하였던 자료들을 바탕으로 기관으로부터 주어진 자료들을 잘 활용하여 세심한 노력을 기울여 작성하도록 한다.

(2) 사회복지 프로그램 개발 작성

프로포절이란 사회복지기관이 수행하고자 하는 프로그램의 내용을 설명하는 사업제안서를 의미한다. 경쟁력을 높여 서비스의 질을 개선하고 기금배분의 투명성을 확보하기 위해 대부분의 기금주들이 기본적으로 요구하는 서류이다.

최근 많은 사회복지기관들에서는 사회복지 공동모금회를 비롯한 기업의 복지재단 등에서 재정지원을 통한 사업진행이 주로 이루어지며, 이는 체계적인 프로포절의 공모방식을 통하게 된다. 따라서 사회복지실천현장에서는 프로포절과 공모를 통한 통과 여부에 따라 사업의 진행 여부를 결정하게 된다고 해도 과언이 아닐 것이다. 이를 사회복지현장실습에서 진행해 본다는 것은 예비사회복지사로서 매우 자랑스럽게 생각해야 하며 만약 실습에 지원되지 않는다면 적극적으로 작성해 보겠다고 자원하여 슈퍼비전 받는 기회를 가지는 것도 필요하다(제10장에 자세히 다룬다).

5. 실습기관 차원의 종결단계

1) 종결단계의 과업

실습종결단계는 실습기간 동안 학습한 실천기법과 기술을 정교히 하면서 사회복지사를 구체적으로 준비하기 위해 지식과 기술을 확고히 하는 단계이다. 또한 클라이언트나 집단과의 전문적 관계를 종료하는 연습을 통해 전문적 관계의 경계를 학습하기도 한다. 무엇보다도 사회복지사로서 자신의 강점과 약점에 대한 인식을 통해 전문적 효능감을 향상하고 전문직에 대한 정체성을 형성하도록 지도해야 한다.

종결단계는 실습 업무의 종료와 함께 실습평가서를 제출하면서 수행한 역할에 대한 전반적인 평가가 행해지는 단계이다. 동시에 클라이언트와의 종결, 동료실습생과의 관계 종결, 실습지도자와의 전문적 관계 종결을 준비하며 원활하게 종결을 실행하는 단계이다. 이 단계의 실습내용과 과제, 활용양식은 <표 2-3>과 같다.

〈표 2-3〉 종결단계의 실습내용

단 계	주요 내용	과제물	활용양식
종결 및 평가 단계	• 종결 – 사례종결 – 실습종결 • 평가 – 실습만족도와 실습평가 – 실습보고회	• 사례종결보고서 작성 • 실습만족도 작성 • 실습보고회 진행 • 실습평가서 발표	• 실습만족도 • 실습평가서 • 현장실습확인서

2) 종결단계 실습일정 구성(안)

<table>
<tr><th colspan="2">종결단계</th><th>16회</th><th>17회</th><th>18회</th><th>19회</th><th>20회</th></tr>
<tr><td rowspan="4">진행구성</td><td>통합교육</td><td>외부 프로포절 작성법 및 소집단 프로그램 계획서 중 택 1</td><td>자원봉사자 후원자 관리방안</td><td>실습생의 자기이해 (자기이해 보고서 작성 및 발표)</td><td>실습생의 타인이해 (마음열기 집단 프로그램)</td><td>실습 종결평가회</td></tr>
<tr><td>현장참여 실습 (오전)</td><td rowspan="2">개인별 1개의 프로포절 혹은 소규모집단 계획서 택 1</td><td rowspan="2">타 기관 방문</td><td rowspan="2">현장체험 실습</td><td rowspan="2">현장체험 실습</td><td rowspan="3">프로포절 작성 보고회 진행 혹은 소집단 프로그램 실행 중 택 1</td></tr>
<tr><td>현장참여 실습 (오후)</td></tr>
<tr><td>일일평가</td><td>실습일지, 작성 및 피드백</td><td>실습일지 작성 및 피드백</td><td>실습일지 작성 및 피드백</td><td>실습일지 작성 및 피드백</td></tr>
<tr><td colspan="2">과제</td><td colspan="5">프로포절 작성 혹은 소집단 프로그램 계획서 작성 중 택 1</td></tr>
</table>

6. 사회복지현장실습 평가단계

1) 평가단계의 과업

실습평가는 실습지도자와 실습생 모두에게 심적 부담이 된다. 실습지도자는 실습수행에 대한 적절한 평가기준을 설정하여 공식적 평가서식을 작성해야 한다는 부담감이 있으며 실습생 입장에서는 실습평가가 학점이나 졸업과 밀접한 관련이 있기 때문에 높은 점수를 받기 위한 부담감이 있다. 그러나 체계적이고 구조화된 상호 과정으로 이루어지는 실습의 평가는 실습과정 중 과제 수행의 양과 질에 대한 평가뿐 아니라 실습과정의 점검을 통하여 앞으로 전문적인 사회복지사가 되기 위하여 더 발전시킬 필요가 있는 영역을 발견할 수 있는 중요한 기회가 될 수 있기 때문에 매우 중요하다.

2) 사회복지현장실습 평가의 목적과 목표

사회복지현장실습 평가의 주된 목적은 실습생과 실습지도자가 실습을 통하여 무엇을 배웠는지, 학습과정에 영향을 준 요인은 무엇인지 점검하는 것이다. 실습 진행 계획에 명시한 목적 및 목표의 달성 정도를 파악한다.

실습평가는 실습기간을 단위로 중간평가와 최종평가로 나눌 수 있으며, 평가 주체에 따라서는 실습생 자기평가, 실습지도자 평가, 동료평가 등으로 나눌 수 있다.

3) 사회복지현장실습 평가방법

사회복지 실습생을 체계적으로 평가하기 위해서 실습에 대한 모든 과정에 평가가 이루어져야 하며 실습생과 실습지도자가 평가방법 및 평가내용에 대해 동의하였을 때 가장 큰 효과를 거둘 수 있다. 실습 중반기에 이루어지는 중간평가와 중간평가서 작성 시 주의사항, 실습종결단계 평가를 살펴보면 다음과 같다.

(1) 중간평가

실습생은 실습 중반기에 자신의 실습과 수행 전반에 대해 중간평가서를 작성하고 이를 토대로 실습지도자와 실습중간평가를 진행한다. 실습지도자의 별다른 지시가 없을 경우에도, 실습일정의 중간시점에 중간평가서를 작성하여 실습지도자에게 제출한다. 실습중간평가는 초기 자신이 수립한 실습목표가 잘 수행되고 있는지에 대해 실습생 스스로 점검한다는 데 그 의미가 크다.

뿐만 아니라 실습지도자와 동료실습생 그리고 기관종사자들의 피드백을 통해 실습생의 변화된 점과 추후 노력해야 할 부분을 확인하여 실습 종결시점까지 자신의 변화를 위해 구체적으로 노력할 수 있다. 이를 통해 보다 질 높은 실습이 가능하게 되므로 학습효과를 극대화할 수 있다.

- 중간평가서 작성 시 주의사항
  - 실습목표와 관련된 실습내용 및 역할에 대해 평가하며 실습생 자신의 느

낌에 따라 주관적으로 장황하게 기술하지 않는다.

- 실습생은 중간평가서 세부항목에 따라 자신이 수행한 역할과 과업을 제시한 뒤 이를 평가하고 종결시점까지 자신이 노력해야 하는 부분을 구체적으로 제시한다.
- 자신이 수행한 실습내용과 역할을 구체적으로 기록한다.
- 기관 및 실습지도자에 대한 건의사항은 논리적으로 타당해야 한다.
- 실습에서 어려웠던 점과 유익했던 내용을 기록한다.

(2) 실습종결단계 평가

실습평가회는 실습지도자를 비롯한 전 직원과 실습생이 한자리에 모여 평가를 하거나 실습생의 간략한 보고와 평가, 목표 성취 정도, 실습을 통해 배운 점, 기관에 대한 제언 등을 발표한다. 현장의 선배로서 직원들이 실습생에게 도움이 될 만한 조언과 평가를 겸하기도 한다. 그리고 실습생은 실습을 마치면서 최종적인 평가보고서를 기관에 제출하고 4주간 실습을 경험하면서 기관의 운영적인 측면과 프로그램 실습의 측면에서 다각적인 시각에서의 관점을 정리할 수 있는 기회를 가진다.

서식 사용 및 진행사항	실습기관	교육기관	실습자
• 기관은 한국사회복지사협회 인증기관 등록	실습기관 인증 등록 ⇨	인증기관 검토	인증기관 확인
• 실습기관 발송 및 홈페이지 모집 공지	공지 ⇨	실습기관 공문 / 등록 접수	각 학교 및 기관 홈페이지 참고
• 기관의 학과에 대하 학생 모집 공문 발송	실습생 프로파일 접수	학생들에게 공지 ⇨	기관선정 후 실습생 프로파일 제출
• 실습생 프로파일 제출 • 실습기관 지원서 등의 서류전형 및 면접 등	실습생 면접·선발	⇦ 실습공문의뢰	⇦ 실습면접 합격
	실습생 확정	⇦ 실습의뢰공문 발송	⇦ 실습계획서 숙지
• 실습승낙서 공문 발송	수락서 발송 ⇔	실습교육기관 확정	실습 활동 기관 실습 양식 참고하여 일지 및 과제 확인
• 실습일지 및 실습과제 활동 • 1일 8시간 실습활동 또는 일 4시간 실습활동	실습기관 실습지도 일지 작성 및 슈퍼비전 ⇔	실습기관 실습지도 일지 작성 및 슈퍼비전	실습활동 실습확인서 원본 보관
• 실습종결보고서 및 교과목 과제 부여 • 실습확인서 및 실습평가서 제출	실습종결/ 실습평가서 및 실습확인서 발송 ⇨	실습수업 진행 (15주 30시간 진행)	실습수업 진행 (15주 30시간 진행) 실습평가서 및 실습확인서 제출

[그림 2-1] 사회복지현장실습 전체 과정

CHAPTER 03

사회복지실천현장과 사회복지관

1. 사회복지시설의 개념과 유형
2. 사회복지관

CHAPTER 03

사회복지실천현장과 사회복지관

1. 사회복지시설의 개념과 유형

1) 사회복지시설의 개념

사회복지시설이란 사회복지사업법 제2조에 근거하여 "사회복지사업"을 행할 목적으로 설치된 시설을 의미한다. 사회복지시설 여부는 시설 운영자의 주관적인 목적이 아니라 실질적으로 사회복지사업을 행하는지에 따라 판단된다. 사회복지사업법은 사회복지사업에 관한 기본법으로 노인복지법, 아동복지법 등 개별 법령에 별도의 규정이 있을 경우 해당 법령을 우선 적용한다.

사회복지사업이란 사회복지사업법 제2조 제1호에 규정된 개별법률에 근거하여 사회 문제를 가지고 있거나 위험에 처해 있는 사람들에게 사회복지서비스를 제공하는 각종 사업과 이와 관련된 자원봉사활동 및 복지시설 운영 또는 지원을 목적으로 하는 사업을 의미한다.

전미사회복지사협회(NASW, 2003)에서는 사회복지시설을 "사회 문제를 가지고 있거나 사회 문제를 갖게 될 위험이 있는 사람들에게 문제 해결 및 예방을 목적으로 일정한 범위 내의 사회복지서비스를 제공하기 위하여 사회복지사 및 기타 직원들로 구성된 조직"이라 정의하였다.

〈표 3-1〉 사회복지사업의 범위(근거 : 사회복지사업법 제2조)

「사회복지사업법」 제2조 제1호에 규정된 개별법령*에 의한 "보호·선도 또는 복지에 관한 사업"과 "사회복지상담·직업지원·무료 숙박·지역사회복지·의료복지·재가복지·사회복지관 운영·정신질환자 및 한센병력자 사회복귀에 관한 사업" 등 각종 복지사업과 이와 관련된 "자원봉사활동 및 복지시설의 운영 또는 지원을 목적으로 하는 사업"을 말함

※ 개별법령

① 「국민기초생활보장법」 ② 「아동복지법」 ③ 「노인복지법」 ④ 「장애인복지법」 ⑤ 「한부모가족지원법」 ⑥ 「영유아보육법」 ⑦ 「성매매방지 및 피해자보호 등에 관한 법률」 ⑧ 「정신건강증진 및 정신질환자복지서비스 지원에 관한 법률」 ⑨ 「성폭력 방지 및 피해자 보호 등에 관한 법률」 ⑩ 「입양특례법」 ⑪ 「일제하 일본군위안부 피해자에 대한 생활안정지원 및 기념사업 등에 관한 법률」 ⑫ 「사회복지공동모금회법」 ⑬ 「장애인·노인·임산부 등의 편의증진보장에 관한 법률」 ⑭ 「가정폭력방지 및 피해자보호 등에 관한 법률」 ⑮ 「농어촌주민의 보건복지증진을 위한 특별법」 ⑯ 「식품등 기부 활성화에 관한 법률」 ⑰ 「의료급여법」 ⑱ 「기초연금법」 ⑲ 「긴급복지지원법」 ⑳ 「다문화가족지원법」 ㉑ 「장애인연금법」 ㉒ 「장애인활동 지원에 관한 법률」 ㉓ 「노숙인 등의 복지 및 자립지원에 관한 법률」 ㉔ 「보호관찰 등에 관한 법률」 ㉕ 「장애아동 복지지원법」 ㉖ 「발달장애인 권리보장 및 지원에 관한 법률」 ㉗ 「청소년복지지원법」 ㉘ 그 밖에 대통령으로 정하는 법률

2) 사회복지시설의 유형

사회복지시설의 종류는 사회복지사업 관련 노인복지법, 아동복지법, 장애인복지법, 가정폭력방지 및 피해자보호 등에 관한 법률 등 각 단위 법령에서 정하고 있으며, 세부적인 시설의 종류 및 설치 운영 기준은 시행규칙에서 정하고 있다. 사회복지시설은 기관의 기능과 목적, 설립주체·재원조달 방식, 주거서비스 제공 여부, 이윤추구 여부, 서비스 대상에 따라 분류된다.

〈표 3-2〉 사회복지시설의 유형

<table>
<tr><th>분류기준</th><th>유 형</th><th>역 할</th><th>예 시</th></tr>
<tr><td rowspan="2">기관의
기능·
목적</td><td>1차 현장</td><td>사회복지서비스를 제공하는 기관</td><td>- 노인복지관
- 사회복귀시설
- 종합사회복지관</td></tr>
<tr><td>2차 현장</td><td>기관의 일차적 목표는 다르나 필요에 의해 사회복지서비스를 제공하는 기관</td><td>- 교정시설 - 병원
- 주민센터 - 학교</td></tr>
<tr><td rowspan="2">설립주체·
재원조달
방식</td><td>공공기관</td><td>정부지원에 의해 운영되며 서비스를 계획·관리·지원 또는 직접 제공하는 기관</td><td>- 읍·면·동 주민센터</td></tr>
<tr><td>민간기관</td><td>사회복지 관련 사업을 목적으로 하는 기관으로 정부보조금, 후원금, 기타 서비스 이용료 등을 주요 재원으로 하는 기관</td><td>- 사단법인
- 사회복지법인
- 시민단체
- 종교단체</td></tr>
<tr><td rowspan="2">주거
서비스
제공 여부</td><td>생활시설</td><td>주거서비스를 포함한 사회복지서비스를 제공하는 기관</td><td>- 그룹홈
- 장애인생활시설
- 청소년쉼터
- 치매요양센터</td></tr>
<tr><td>이용시설</td><td>가정에서 거주하는 클라이언트를 대상으로 사회복지서비스를 제공하는 기관</td><td>- 장애인복지관
- 재가복지센터
- 청소년상담센터
- 주·야간보호센터</td></tr>
<tr><td rowspan="2">이윤추구
여부</td><td>영리기관</td><td>설립목적이 영리를 추구하는 기관</td><td></td></tr>
<tr><td>비영리기관</td><td>설립목적이 영리를 추구하지 않는 기관</td><td></td></tr>
<tr><td>서비스
대상</td><td colspan="3">서비스 대상에 따라 노숙인, 노인, 아동, 여성, 장애인 등으로 분류</td></tr>
</table>

2. 사회복지관

1) 사회복지관의 개념

사회복지관은 지역사회를 기반으로 일정한 시설과 전문인력을 갖추고 지역주민의 참여와 협력을 통하여 지역사회문제를 예방하고 해결하기 위하여 종합적인

복지서비스를 제공하는 시설을 말한다.

사회복지관은 천편일률적인 사업을 시행하는 것이 아니라 사회복지관의 위치, 지역적 특성, 대상별 특성, 복지관의 규모, 담당 인력 등에 의거하여 각 사회복지관이 전문성·효율성·책임성을 최대한 살릴 수 있는 능력의 범위 내에서 사업을 선택적으로 시행하게 된다.

2) 사회복지관의 기능

(1) 사례 관리 기능

사업분야	사업 및 내용
사례 발굴	지역 내 보호가 필요한 대상자 및 위기 개입대상자를 발굴하여 개입계획 수립
사례 개입	지역 내 보호가 필요한 대상자 및 위기 개입대상자의 문제와 욕구에 대한 맞춤형 서비스가 제공될 수 있도록 사례개입
서비스 연계	사례개입에 필요한 지역 내 민간 및 공공의 가용자원과 서비스에 대한 정보 제공 및 연계, 의뢰

(2) 서비스 제공 기능

① 가족기능 강화

- 가족관계증진사업 : 가족원 간의 의사소통을 원활히 하고 각자의 역할을 수행함으로써 이상적인 가족관계를 유지함과 동시에 가족의 능력을 개발·강화하는 사업
- 가족기능보완사업 : 사회구조 변화로 부족한 가족기능, 특히 부모의 역할을 보완하기 위하여 주로 아동·청소년을 대상으로 실시되는 사업
- 가정문제해결·치료사업 : 문제가 발생한 가족에 대한 진단·치료·사회복귀 지원사업
- 부양가족지원사업 : 보호대상 가족을 돌보는 가족원의 부양부담을 줄여주고 관련 정보를 공유하는 등 부양가족 대상 지원사업

- 다문화가정, 북한이탈주민 등 지역 내 이용자 특성을 반영한 사업

② 지역사회 보호

- 급식서비스 : 지역사회에 거주하는 요보호 노인이나 결식아동 등을 위한 식사제공 서비스
- 보건의료서비스 : 노인, 장애인, 저소득층 등 재가복지사업 대상자들을 위한 보건·의료 관련 서비스
- 경제적 지원 : 경제적으로 어려운 지역사회 주민들을 대상으로 생활에 필요한 현금 및 물품 등을 지원하는 사업
- 일상생활 지원 : 독립적인 생활능력이 떨어지는 요보호 대상자들이 시설이 아닌 지역사회에 거주하기 위해서 필요한 기초적인 일상생활 지원서비스
- 정서서비스 : 지역사회에 거주하는 독거노인이나 소년·소녀가장 등 부양가족이 없는 요보호 대상자들을 위한 비물질적인 지원서비스
- 일시보호서비스 : 독립적인 생활이 불가능한 노인이나 장애인 또는 일시적인 보호가 필요한 실직자
- 노숙자 등을 위한 보호서비스
- 재가복지봉사서비스 : 가정에서 보호를 요하는 장애인, 노인, 소년·소녀가정, 한부모가족 등 가족기능이 취약한 저소득 소외계층과 국가유공자, 지역사회 내에서 재가복지봉사서비스를 원하는 사람에게 제공하는 서비스 제공

③ 교육·문화

- 아동·청소년 사회교육 : 주거환경이 열악하여 가정에서 학습하기 곤란하거나 경제적 이유 등으로 학원 등 다른 기관의 활용이 어려운 아동·청소년에게 필요한 경우 학습 내용 등에 대하여 지도하거나 각종 기능 교육
- 성인기능교실 : 기능 습득을 목적으로 하는 성인사회교육사업

- 노인 여가・문화 : 노인을 대상으로 제공되는 각종 사회교육 및 취미교실 운영사업
- 문화복지사업 : 일반 주민을 위한 여가・오락 프로그램, 문화 소외집단을 위한 문화 프로그램, 그 밖에 각종 지역문화행사 사업

④ 자활지원 등 기타

- 직업기능훈련 : 저소득층의 자립능력 배양과 가계소득에 기여할 수 있는 기능훈련을 실시하여 창업・취업을 지원하는 사업
- 취업알선 : 직업훈련 이수자 기타 취업 희망자들을 대상으로 취업에 관한 정보제공 및 알선사업
- 직업능력개발 : 근로 의욕 및 동기가 낮은 주민의 취업욕구 증대와 재취업을 위한 심리적・사회적 지원 프로그램 실시사업

(3) 지역사회조직화

사업분야	사업 및 내용
복지 네트워크 구축	지역 내 복지기관・시설들과 네트워크를 구축함으로써 복지서비스 공급의 효율성을 제고하고, 사회복지관의 지역복지의 중심으로서의 역할을 강화하는 사업(지역사회연계사업, 지역욕구조사, 실습지도)
주민 조직화	주민이 지역사회 문제에 스스로 참여하고 공동체 의식을 갖도록 주민 조직의 육성을 지원하고, 이러한 주민 협력 강화에 필요한 주민의식을 높이기 위한 교육을 실시하는 사업(주민복지증진사업, 주민조직화 사업, 주민교육)
자원 개발 및 관리	지역주민의 다양한 욕구 충족 및 문제해결을 위해 필요한 인력, 재원 등을 발굴하여 연계 및 지원하는 사업(자원봉사자 개발・관리, 후원자 개발・관리)

3) 사회복지관의 실습 내용

(1) 실습목적

① 전반적인 종합사회복지실천현장에 대한 이해와 이론에서 배운 기술을 실제로 활용하여 클라이언트에게 종합적인 복지서비스를 제공할 수 있는 능력을 습득한다.

② 지역사회 내에서 사회복지사가 가져야 할 역할과 이를 실천하기 위한 방법을 터득한다.

③ 자신만의 사회복지사의 지식, 태도, 기술을 하나로 통합할 수 있도록 한다.

(2) 실습목표

① 종합사회복지관의 프로그램에 대해 이해한다.

- 가족기능강화사업에 대해 이해한다.
- 지역사회조직사업에 대해 이해한다.
- 지역사회보호사업에 대해 이해한다.
- 교육문화사업에 대해 이해한다.

② 종합사회복지관의 관할 지역을 살펴보고 프로그램과의 연관성을 이해한다.

③ 가정환경조사를 실시하여 대상자들이 가지는 어려움을 이해한다.

④ 종합사회복지관 행정업무에 대해 이해한다.

⑤ 사업계획서 작성법에 대해 이해한다.

⑥ 사회복지실천이론과 종합복지관의 프로그램에서 이론과 실무의 연관성을 찾아낸다.

⑦ 사회복지실천기술(면담/ 관계)에 대해 이해한다.

⑧ 인간관계형성훈련을 통한 클라이언트와의 관계형성 방법을 익힌다.

〈표 3-3〉 종합사회복지관의 현장실습과정(안)

<table>
<tr><th>필수 항목</th><th>과제 수행</th><th>비고</th></tr>
<tr><td>• 종합사회복지관의 특성과 이용자에 대한 이해
• 사회복지행정의 실제 이해
• 사례관리에 대한 이해
• 사례관리 실무 및 실천기술에 대한 이해
• 집단 프로그램의 실제 이해
• 주민조직에 대한 이해
• 사회복지관 주변 환경에 대한 이해
• 지역사회보호사업에 대한 이해
• 자원개발 및 관리에 대한 이해
• 프로그램 기획 및 제안서 연습
• 지역사회조직화 및 욕구조사의 실제 이해
• 종합사회복지관의 각 부서 업무에 대한 이해
• 사회복지실천현장에서의 이용자의 인권
• 재무회계의 기본적 이해
• 지역사회조사
• 후원자 업무와 자원봉사 관리</td><td rowspan="3">• 기관분석 보고서
• 사례관리
• 상담 기록
• 지역욕구에 대한 개입 계획
• 프로포절 기획 및 적용 등
• 실천 프로그램 기획 및 적용 등</td><td rowspan="3">기관별 선택 사항</td></tr>
<tr><th>선택 항목</th></tr>
<tr><td>• 자활사업
• 기관의 교육문화사업
• 사회서비스 제도 및 사회서비스 사업에 대한 이해
• 장애인복지
• 노인복지
• 지역아동센터
• 재가복지
• 다문화복지</td></tr>
</table>

출처 : 한국사회복지사협회(2013).

〈표 3-4〉 사회복지관의 실습일정(안)

<table>
<tr><th>준비단계</th><th colspan="4">실행단계</th><th>평가단계</th></tr>
<tr><td rowspan="6">① 실습 계획서 작성 (기관의 인준)
↓
② 실습생 모집 공고
↓
③ 실습생 면접
↓
④ 실습생 선정
↓
⑤ 실습생 기초교육 (실습슈퍼바이저와 초기미팅, 실습내용 소개 등)</td><td></td><td>초기</td><td>중기</td><td>말기</td><td rowspan="6">① 실습 슈퍼비전에 대한 기관평가
↓
② 평가서 발송
↓
③ 실습 슈퍼바이저 피드백
↓
④ 실습 재구조화
↓
⑤ 자기반영</td></tr>
<tr><td>행정적</td><td>• 기관의 규정과 한계이해
• 실습 관련 서류 제출
• 실습과업 이해
• 실습생의 권한</td><td>• 업무할당 적절성 평가/ 조정
• 클라이언트 중재
• 의사소통 촉진
• 실습대학 연결</td><td>• 업무성과평가
• 실습서류정리
• 의견개진 및 회의 참여, 계약사항 점검</td></tr>
<tr><td>교육적</td><td>• 업무 관련 서류나 프로그램 관찰
• 교육 및 직원 모방</td><td>• 클라이언트에 대한 윤리적 이슈 논의
• 레코딩 피드백
• 지식과 기술 증진</td><td>• 성장을 위한 강점과 약점 피드백</td></tr>
<tr><td>지지적</td><td>• 초기 긴장 완화
• 자신감과 동기화 촉진</td><td>• 강점 확인/ 인정, 초기 성과에 대한 긍정적 피드백, 소진방지, 만족감 증진</td><td>• 종결에 따른 심리적 긴장 완화
• 성취감 증진</td></tr>
<tr><td>슈퍼바이저의 역할</td><td>지지>교육>행정</td><td>교육>지지>행정</td><td>행정>교육>지지</td></tr>
</table>

활동하기

사회복지현장 중 지역사회복지관을 확인하고 기관의 홈페이지를 참고하여 각 기관의 미션과 비전, 주요 사업에 대해 작성하고 발표해 본다.

기관명 :
홈페이지 :
주소 :
유형 :
설립목적 / 미션 / 비전 / 핵심가치 / 특화사업 / 기타 등

CHAPTER 04

노인복지 실천현장과 아동복지 실천현장

CHAPTER 04

노인복지 실천현장과 아동복지 실천현장

1. 노인복지시설

1) 노인복지시설의 개념

노인복지시설은 심신의 장애 혹은 노화 등으로 정상적인 활동이 불가능하거나 자립이 곤란한 노인들에 대해 필요한 자원・보호・치료 등의 서비스를 제공하는 시설이다.

2) 노인복지시설의 종류

(1) 노인주거복지시설

노인이 가정에서 생활할 능력이 없거나 부양할 가족이 없는 경우 또는 건강 상태가 좋지 않은 경우 지원하는 복지시설이다.

① 양로시설

노인을 입소시켜 급식과 그 밖의 일상생활에 필요한 편의를 제공함을 목적으로 하는 시설로서 국민기초생활수급자와 실비보호대상자 및 부양자로부터 적절한 부양을 받지 못하는 만 65세 이상의 자를 대상으로 한다. 단, 입소자로부터 비용의 전부를 수납하여 운영하는 시설은 만 60세 이상도 입소 가능하다.

② 노인복지주택

노인에게 주거시설을 분양 또는 임대하여 주거의 편의, 생활지도, 상담, 안전관리 등 일상생활에 필요한 편의 제공을 목적으로 하는 시설로서 단독 취사 등 독립된 주거생활을 하는 데 지장이 없는 만 60세 이상의 자를 대상으로 하고 입소대상자의 배우자는 만 60세 미만인 경우에도 입소대상자와 함께 입소할 수 있다.

③ 노인공동생활가정

노인들에게 가정과 같은 주거 여건과 급식, 그 밖의 일상생활에 필요한 편의를 제공함을 목적으로 하는 시설로서 대상자는 양로시설과 동일하다.

(2) 노인의료복지시설

① 노인요양시설

치매, 중풍 등 노인성 질환 등으로 심신에 상당한 장애가 발생하여 도움을 필요로 하는 노인을 입소시켜 급식, 요양, 그 밖의 일상생활에 필요한 편의를 제공하는 것을 목적으로 한다. 장기요양급여수급자 또는 국민기초생활수급자로 만 65세 이상의 자나 부양의무자로부터 적절한 부양을 받지 못하는 만 65세 이상의 자를 대상으로 한다. 다만, 입소자로부터 입소비용의 전부를 수납하여 운영하는 경우에는 만 60세 이상의 자도 입소할 수 있다.

② 노인요양공동생활가정

2010년에 신설되었으며 치매, 중풍 등 노인성 질환 등으로 심신에 상당한 장애가 발생하여 도움을 필요로 하는 노인에게 가정과 같은 주거 여건과 급식, 요양, 그 밖의 일상생활에 필요한 편의를 제공하는 것을 목적으로 한다. 그 대상은 노인요양시설과 동일하다.

③ 노인전문병원

노인성 질환으로 치료 및 요양을 필요로 하는 노인을 대상으로 의료 행위를 하는 시설이다.

(3) 노인여가복지시설

① 노인복지관

노인의 교양, 취미생활 및 사회참여활동 등에 대한 각종 정보와 서비스를 제공하고 건강증진, 질병예방, 소득 보장, 재가복지, 그 밖의 노인복지 증진에 필요한 서비스를 제공하는 것을 목적으로 하는 시설이다.

② 경로당

지역 노인들이 자율적으로 친목 도모, 취미활동, 공동작업장 운영 및 각종 정보 교환과 기타 여가활동을 할 수 있도록 장소를 제공하는 것을 목적으로 한다.

③ 노인교실

노인들에게 사회활동 참여 욕구를 충족시키기 위하여 건전한 취미생활, 노인 건강 유지, 소득 보장, 일상생활과 관련된 학습 프로그램을 제공하는 것을 목적으로 하는 시설이다.

(4) 재가노인복지시설

자택에서 생활하며 경제적, 정신적, 신체적인 이유로 독립적인 일상생활을 영위하기 어려운 노인과 복지사각지대에 있는 노인들에게 방문요양 등 일상생활지원을 비롯하여 상담, 교육 등의 서비스를 제공함으로써 지역사회 내에서 건강하고 안정된 노후 생활을 영위할 수 있도록 예방적 복지 실현 및 사회 안전망 구축을 목적으로 하는 시설이다.

① 방문요양서비스

가정에서 일상생활을 영위하고 있는 노인(재가 노인) 중 신체적・정신적 장애로 어려움을 겪고 있는 노인에게 필요한 편의를 제공하여 지역사회 안에서 건강하고 안정된 노후를 영위하도록 하는 서비스이다.

② 주・야간보호서비스

부득이한 사유로 가족의 보호를 받을 수 없는 심신이 허약한 노인과 장애노인을 대상으로 한다. 이들을 주간 또는 야간 동안 보호시설에 입소시켜 각종 편의를 제공하여 생활 안정과 심신 기능의 유지 및 향상을 돕는다. 이로 인해 그 가족의 신체적·정신적 부담도 덜어줄 수 있다.

③ 단기보호서비스

부득이한 사유로 가족의 보호를 받을 수 없는 심신이 허약한 노인과 장애노인을 보호시설에 단기간 입소시켜 보호함으로써 노인 및 노인가정의 복지증진을 도모하기 위한 서비스이다.

④ 방문목욕서비스

장애나 중증노인질환으로 거동이 불편한 국민기초생활수급자가 스스로 목욕을 하지 못하는 경우 두 명 이상의 요양보호사가 수급자의 가정을 방문하여 욕조와 세면도구를 갖춘 이동목욕차량을 이용하여 전신을 씻겨주는 서비스이다.

⑤ 방문간호서비스

간호사 등이 의사, 한의사 또는 치과의사의 지시에 따라 재가 노인의 가정을 방문하여 간호, 진료의 보조, 요양에 관한 상담 등을 제공하는 서비스이다.

(5) 노인보호전문기관

노인보호전문기관은 급속한 인구 고령화와 핵가족화 등에 다라 가족 간 갈등 및 노인부양 부담 증가 등으로 노인학대 사례가 계속 증가하여 이를 전문적이고 체계적으로 대처함으로써 노인 인권을 보호하기 위해 구성된 기관이다. 이 기관은 노인학대 예방 및 노인인식 개선 등을 통해 노인의 삶의 질을 향상시키는 것을 목적으로 하며 시·도지사가 지정, 운영한다.

① 중앙노인보호전문기관

국가가 지역 간에 연계체계를 구축하고 노인학대를 예방하기 위해 설치, 운영하는 시설이다.

② 지역노인보호전문기관

학대받는 노인의 발견, 보호, 치료 등을 신속히 처리하고 노인학대를 예방하기 위하여 특별시, 광역시·도, 특별자치도에 설치하는 시설이다.

(6) 학대피해노인전용쉼터

학대피해노인을 일정 기간 동안 보호, 치료하고 학대 행위자와 그 가족에게 전문상담서비스를 제공하여 학대가 재발하는 것을 예방하고 가족기능을 회복시키기 위한 시설이다.

(7) 노인일자리지원기관

지역사회에서 노인 일자리의 개발·지원, 창업, 육성, 노인에 의한 재화의 생산, 판매 등을 직접 담당하는 기관이다.

(8) 복합노인복지시설

농어촌지역에 한해 노인복지법 제31조의 노인복지시설을 종합적으로 배치하여 설치, 운영할 수 있다.

3) 노인복지관의 실습 예

(1) 실습목표

사회복지현장실습을 통해 사회복지사에 대한 전체적인 이해와 다양한 현장경험을 쌓는다.

○ 하위목표 1 : 학교에서 습득한 이론 지식을 활용해 현장 감각을 익히고, 현장경험을 토대로 기초능력을 습득한다.

- 실행계획 1 : 노인복지관에서 사회복지사의 역할을 이해한다.
- 실행계획 2 : 노인복지관의 목적과 기능, 운영방침을 이해한다.
- 실행계획 3 : 학교에서 습득한 지식이 노인복지관에서 어떻게 활용되고 있는지 이해한다.

(2) 실습목표

실습을 통해 프로그램의 효과성에 대해 깊이 있게 이해한다.

○ 하위목표 1 : 노인복지관에서 실시되는 프로그램을 정확하게 이해한다.

- 실행계획 1 : 노인복지관에서 실시하고 있는 프로그램들의 목적과 목표를 습득한다.
- 실행계획 2 : 노인복지관의 프로그램에서 목표를 측정하기 위한 지표를 습득한다.
- 실행계획 3 : 각각의 지표를 통해 목표달성 여부를 습득한다.

필수 항목	과제 수행	비고
• 노인복지관의 특성과 노인에 대한 이해 • 사회복지행정의 실제 이해 • 사례관리에 대한 이해 • 사례관리 실천기술에 대한 이해 • 집단 프로그램의 실제 이해 • 노인조직에 대한 이해 • 노인상담에 대한 실제 • 노인자살예방사업에 대한 이해 • 노인복지관 주변환경에 대한 이해 • 지역사회보호사업에 대한 이해 • 프로그램 기획 및 제안서 연습 • 노인복지관의 각 부서 업무에 대한 이해 • 후원자 업무와 자원봉사 관리 • 지역사회조사 • 기관의 노인사회교육 문화사업 • 재무회계의 기본적 이해	• 기관분석 보고서 • 사례관리 • 상담 기록 • 노인욕구에 대한 개입계획 • 프로포절 기획 및 적용 등 • 실천 프로그램 기획 및 적용 등	기관별 선택 사항
선택 항목		
• 사회서비스 제도 및 사회서비스 사업에 대한 이해 • 경로당활성화사업 • 노인일자리창출사업 • 자원봉사자 관리		

출처 : 한국사회복지사협회(2013).

2. 아동복지시설

1) 아동복지시설의 개념

아동복지시설은 모든 아동이 건강하게 출생하여 안전하고 행복하게 성장·발달하도록 그 복지를 보장하는 데 목적을 둔 시설이다. 보호가 필요한 아동에게 보호, 양육, 치료, 교육, 자립지원 등의 아동복지서비스를 지원하고 나아가 지역사회 아동과 그 가족을 대상으로 포괄적 서비스를 제공함으로써 아동의 삶의 질을 향상시키는 것을 목적으로 하는 시설이다.

2) 아동시설의 종류

(1) 아동양육시설

보호대상 아동을 입소시켜 보호, 양육 및 직업훈련, 자립지원 서비스 등을 제공하는 것을 목적으로 하는 시설이다. 아동양육시설의 입소대상자는 보호자가 없거나 보호자로부터 이탈된 아동, 보호자로부터 학대받은 아동, 보호자의 학대로 아동보호전문기관에 신고되어 시·도지사에게 보호조치가 의뢰된 아동, 기초생활보장수급자로서 보호자의 질병 및 가출 등으로 가정 내에서 보호받기 어려운 아동 등이다.

(2) 아동일시보호시설

미아나 실종아동 등 보호대상 아동을 일시보호하고 아동에 대한 향후 양육 대책 수립 및 보호 조치를 행하는 것을 목적으로 하는 시설이다. 아동일시보호시설에서는 보호자가 없거나 보호자로부터 이탈된 아동, 보호자로부터 학대받은 아동, 보호자의 학대로 아동보호전문기관에 신고되어 시·도지사에게 보호조치가 의뢰된 아동, 시·도지사 또는 시장·군수·구청장이 특별히 보호가 필요하다고 인정하는 아동 등을 입소대상으로 하고 있다.

(3) 아동보호치료시설

불량행위를 하거나 불량행위를 할 우려가 있는 아동으로서 보호자가 없거나 친권자나 후견인이 입소를 신청한 아동, 정서적・행동적 장애로 인하여 어려움을 겪고 있는 아동, 학대로 인하여 부모로부터 일시 격리되어 치료를 받을 필요가 있는 아동 또는 가정법원・지방법원소년부지원에서 보호 위탁된 만 19세 미만인 사람을 입소시킨다. 이 시설은 대상자들에게 보호와 치료 및 선도를 함으로써 건전한 사회인으로 육성하는 것을 목적으로 한다.

아동보호치료시설에서는 대상자들이 안정된 생활을 할 수 있도록 환경 개선 프로그램을 개발하고 생활관리 서비스를 제공하여 기본적인 예의와 규칙적인 생활을 익힐 수 있도록 하며 학습 지원 서비스를 마련하여 자발적 학습 유도, 기초학습능력 향상, 검정고시 준비 등을 할 수 있도록 한다. 또한 상담 및 심리치료 서비스, 자립준비 지원 서비스도 제공하고 있다.

(4) 자립지원시설

아동복지시설에서 퇴소한 사람을 취업 준비 기간 또는 취업 후 일정 기간 동안 보호하여 준비된 자립을 할 수 있도록 지원하는 시설이다.

(5) 공동생활가정(그룹홈)

보호대상 아동에게 가정과 같은 주거 여건과 보호, 양육, 자립지원 서비스를 제공하여 건전한 사회인으로 성장하도록 지원하는 시설이다. 대규모 집단시설 위주의 보호에서 소규모 가정 형태의 보호로 전환하고 지역사회 중심의 아동보호를 위한 새로운 보호형태로 논의되다가 1997년부터 시범사업으로 운영한 후 2004년 1월에 아동복지법상 아동복지시설로 추가되었다.

(6) 아동상담소

아동과 그 가족의 문제에 관한 상담, 치료, 예방 및 연구 등을 목적으로 하는 시설로서 부모와 아동이 바람직한 관계를 맺고 행복할 수 있도록 지지, 강화해주는 사업 등을 실시한다.

(7) 아동전용시설

어린이공원, 어린이놀이터, 아동회관, 체육・연극・영화・과학실험 전시시설, 아동휴게숙박시설, 야영장 등 아동에게 건전한 놀이・오락, 그 밖의 각종 편의를 제공하여 심신의 건강 유지와 복지증진에 필요한 서비스를 제공하는 것을 목적으로 하는 시설이다.

(8) 지역아동센터

지역사회 아동의 보호・교육, 건전한 놀이와 오락의 제공, 보호자와 지역사회의 연계등 아동의 건전한 육성을 위하여 종합적인 아동복지서비스를 제공하는 시설이다. 즉, 가정의 경제적 어려움, 가족기능 취약 등으로 가정에서 부모에 의한 보호와 양육이 어려운 아동과 청소년에게 사회복지 통합서비스를 제공하는 시설이다. 지역아동센터에서는 보호 프로그램, 교육 프로그램, 문화 프로그램, 정서지원 프로그램, 지역사회 연계 등의 서비스가 제공된다.

(9) 가정위탁지원센터

친부모의 사정으로 친가정에서 아동을 양육할 수 없는 경우 일정 기간 위탁가정을 제공하여 보호하고 양육하는 아동복지제도이다. 위탁부모(가정)는 일정 기간 동안 친가정(부모)의 역할을 대신해 위탁아동을 보호, 양육하며 친가정 복귀를 돕는다.

(10) 아동보호전문기관

아동학대 신고 접수 및 현장조사를 통해 위기에 개입하고 학대 피해 아동과 그 가족에게 상담과 치료 등 서비스를 제공하는 시설이다. 학대 피해 아동을 위한 일시보호시설(그룹홈)을 운영하고 지역에 있는 아동보호시설과 연계하여 아동을 안전하게 보호하고 가정 복귀를 지원한다.

(11) 다함께돌봄센터

돌봄이 필요한 만 6~12세 아동(초등학생)에게 상시・일시 돌봄, 방과 후 프로그램 연계, 등·하원 지원, 정보제공 등 다양한 형태의 지역 맞춤형 돌봄 서비스를 제공하는 시설이다. 2019년 4월에 아동복지법상 아동복지시설로 추가되었다.

(12) 공동생활가정(쉼터)

학대피해아동쉼터로 지정된 곳에 한한다.

3) 아동복지시설의 실습 예

<table>
<tr><th>필수 항목</th><th>과제 수행</th><th>비 고</th></tr>
<tr><td>• 아동복지시설의 유형과 운영 이해 – 기관역사 이해
• 아동복지시설 사회복지사로서의 가치와 철학 이해
• 아동을 대상으로 하는 면담기술
• 아동기 특성 및 아동 생활지도의 이해
• 아동자립사업 이해
• 아동복지 패러다임 학습
• 아동을 대상으로 하는 실천 프로그램 기획 및 적용
• 아동의 생활실 참관
• 생활시설 아동의 사례관리 이해
• 아동 안전에 대한 교육</td><td rowspan="3">• 기관분석 보고사
• 사례연구, 또는 상담
• 아동대상 프로그램 기획 및 진행
• 생활실 참관 보고서
• 아동발달단계 특징
• 아동 안전교육계획안 등</td><td rowspan="3">기관별
선택
사항</td></tr>
<tr><th>선택 항목</th></tr>
<tr><td>• 영유아 및 아동 영양관리
• 아동의 생활실 실습
• 영유아 및 아동의 안전 및 건강관리
• 후원사업 이해
• 아동인권 및 아동학대예방 교육</td></tr>
</table>

출처 : 한국사회복지사협회(2013).

활동하기

사회복지현장 중 노인복지시설 또는 아동복지기관을 확인하고 기관의 홈페이지를 참고하여 각 기관의 미션과 비전, 주요 사업에 대해 작성하고 발표해 본다.

기관명 :
홈페이지 :
주소 :
유형 :
설립목적 / 미션 / 비전 / 핵심가치 / 특화사업 / 기타 등

CHAPTER 05

장애인복지시설과 정신건강증진시설, 노숙인복지시설

1. 장애인복지시설
2. 정신건강증진시설
3. 노숙인복지시설
4. 기타 복지시설의 종류

CHAPTER 05

장애인복지시설과 정신건강 증진시설, 노숙인복지시설

1. 장애인복지시설

1) 장애인복지시설의 개념

장애인의 인간다운 삶과 권리보장을 위해 장애 발생 예방, 의료, 교육, 직업재활, 생활환경 개선 등 장애인의 복지대책을 종합적으로 추진하는 것을 목적으로 하는 시설이다.

2) 장애인복지시설의 종류

(1) 장애인거주시설

일반가정에서 생활하기 어려운 장애인에게 일정 기간 동안 거주, 요양 등의 서비스와 상담, 치료, 훈련 등의 서비스를 지원함으로써 사회복귀를 도와주는 시설이다.

① 장애유형별 거주시설

장애유형이 같거나 유사한 장애를 가진 사람들을 입소 또는 통원하게 하여 그들의 장애유형에 적합한 의료, 교육, 직업, 심리, 사회 등 재활서비스와 주거서비스를 제공하는 시설이다.

② 중증장애인 거주시설

장애의 정도가 심하여 항상 도움이 필요한 사람을 입소하게 하여 상담, 치료 또는 요양서비스를 제공하는 시설이다.

③ 장애영유아 거주시설

만 6세 미만의 장애 영유아를 입소 또는 통원하게 하여 보호하고 동시에 의료, 교육, 심리, 사회적응 등 재활서비스를 제공하는 시설이다.

④ 장애인단기거주시설

장애인을 일정 기간 보호하여 장애인에게 필요한 재활서비스를 제공하는 시설이다.

⑤ 장애인공동생활가정

스스로 사회에 적응하기 곤란한 장애인들이 장애인복지 전문 인력에 의해 지도와 보호를 받으며 공동으로 생활하는 지역사회 내의 소규모 주거시설이다.

⑥ 피해장애인쉼터

가정이나 거주시설 등에서 학대받은 장애인을 가해자와 분리해 일시적으로 보호하는 것부터 심리상담, 지역사회로의 복귀까지 전문적으로 지원하는 시설이다.

(2) 장애인지역사회재활시설

장애인을 전문적으로 상담, 치료, 훈련하거나 장애인의 일상생활, 여가활동 및 사회참여활동 등을 지원하는 시설로서 다음과 같이 구분된다.

① 장애인복지관

장애인에 대한 각종 상담 및 사회심리, 교육, 직업, 의료재활 등 장애인의 지역사회 생활에 필요한 종합적인 재활서비스를 제공하고 장애에 대한 사회적 인식개선 사업을 수행하는 시설이다.

② 장애인주간보호시설

장애인을 주간에 일시보호하여 장애인에게 필요한 재활서비스를 제공하는 시설이다.

③ 장애인체육시설

장애인의 체력증진 또는 신체기능 회복 활동을 지원하고 이와 관련된 편의를 제공하는 시설이다.

④ 장애인수련시설

장애인의 문화, 취미, 오락활동 등을 통한 심신 수련을 촉진, 지원하고 이와 관련된 편의를 제공하는 시설이다.

⑤ 장애인생활이동지원센터

이동에 상당한 제약이 있는 장애인에게 차량운행을 통한 직장 출・퇴근 및 외출 보조나 그 밖의 이동서비스를 제공하는 시설이다.

⑥ 수어통역센터

의사소통에 지장이 있는 청각・언어장애인에게 수어통역 및 상담서비스를 제공하는 시설이다.

⑦ 점자도서관

시각장애인에게 점자간행물 및 녹음서를 열람하게 하는 시설이다.

⑧ 점자도서 및 녹음서 출판시설

시각장애인을 위한 점자간행물 및 녹음서를 출판하는 시설이다.

(3) 장애인의료재활시설

장애인을 입원 또는 통원하게 하여 상담, 진단・판정, 치료 등 의료재활서비스를 제공하는 시설이다.

(4) 장애인직업재활시설

장애인직업재활시설은 일반 작업환경에서는 일하기 어려운 장애인이 특별히 준비된 작업환경에서 직업훈련을 받거나 직업생활을 할 수 있도록 하는 시설이다.

① 장애인보호작업장

직업능력이 낮은 장애인에게 직업 적응 능력, 직무기능 향상훈련 등 직업재활훈련 프로그램을 제공하고 보호가 가능한 조건에서 근로의 기회를 제공하여 이에 상응하는 노동의 대가로 임금을 지급하고 장애인 근로사업장이나 그 밖의 경쟁적인 고용시장으로 옮겨갈 수 있도록 돕는 역할을 하는 시설이다.

② 장애인근로사업장

직업능력은 있으나 이동 및 접근성, 사회적 제약 등으로 취업이 어려운 장애인에게 근로의 기회를 제공하여 최저임금 이상의 임금을 지급하고 경쟁적인 고용시장으로 옮겨갈 수 있도록 돕는 역할을 하는 시설이다.

(5) 장애인생산품판매시설

장애인 생산품의 판매활동 및 유통을 대행하고 장애인이 생산한 물품이나 서비스, 용역에 관한 상담, 홍보, 판로개척 및 정보제공 등 마케팅을 지원하는 시설이다.

3) 장애인복지관의 실습 예

(1) 실습목적

현재 장애인복지의 실태를 파악하고 관심분야의 이론과 실천의 차이점을 확인한다. 그리고 장애인복지의 적합성을 확인하고, 내 자신에 대해 사회복지사로서의 준비성을 확인한다.

○ 실습목표 1 : 전문성을 위해 미리 업무와 장애인에 대해 파악한다.
  - 실행계획 1 : 매주 2개 이상의 장애인 관련 기사를 읽고 장애인의 삶에 대한 이해를 넓힌다.
  - 실행계획 2 : 슈퍼바이저와 1주에 1회 이상 장애인복지 현황 및 업무에 대한 질문을 통해 현장 지식을 습득한다.
  - 실행계획 3 : 하루에 한 번 장애인과의 대화로 장애인에 대한 이해를 넓힌다.

<table>
<tr><th>필수 항목</th><th>과제 수행</th><th>비 고</th></tr>
<tr><td>• 장애인복지관의 특성과 장애인에 대한 이해
• 사회복지행정의 실제 이해
• 사례관리에 대한 이해
• 사례관리 실천기술에 대한 이해
• 집단 프로그램의 실제 이해
• 장애인조직에 대한 이해
• 상담에 대한 실제
• 장애인 재활사업에 대한 이해
• 장애인 직업재활에 대한 이해
• 장애인 주간보호에 대한 이해
• 프로그램 기획 및 제안서 연습
• 장애인복지관의 각 부서 업무에 대한 이해
• 후원자 업무와 자원봉사 관리
• 장애인 정책에 대한 이해
• 장애인의 인권에 대한 이해
• 재무회계의 기본적 이해
• 자원봉사자 관리</td><td rowspan="3">• 기관분석보고서
• 사례관리 실제
• 상담 기록
• 지역욕구에 대한 개입계획
• 프로포절 기획 및 적용 등
• 실천 프로그램 기획 및 적용 등</td><td rowspan="3">기관별 선택 사항</td></tr>
<tr><th>선택 항목</th></tr>
<tr><td>• 장애인바우처 사업에 대한 이해
• 응급에 대한 처치방법
• 장애인 자조운동에 관한 이해
• 장애인 보장구 체험학습
• 타 대상자 영역 복지관 방문</td></tr>
</table>

출처 : 한국사회복지사협회(2014).

2. 정신건강증진시설

1) 정신건강증진시설의 정의

정신건강증진시설이란 「정신건강증진 및 정신질환자 복지서비스 지원에 관한 법률」 제26조 및 제27조에 근거하여 정신장애인의 지역사회 생활과 적응에 필요한 다양한 재활과 복지서비스를 제공하여 사회복귀를 돕는 시설을 말한다.

2) 정신건강증진시설의 종류

(1) 생활시설

가정에서 생활하기 어려운 정신질환자 등에게 주거, 생활지도, 교육, 직업재활 훈련 등의 서비스를 제공하고 가정으로의 복귀, 재활, 자립 및 사회적응을 지원하는 시설이다.

(2) 재활훈련시설

① 주간재활시설

정신질환자 등에게 작업 기술지도, 직업훈련, 사회적응훈련, 취업지원 등의 서비스를 제공하는 시설이다.

② 공동생활가정

완전한 독립생활은 어려우나 어느 정도 자립능력을 갖춘 정신질환자 등이 공동으로 생활하며 독립생활을 위한 자립역량을 함양하는 시설이다.

③ 지역사회 전환시설

지역 내 정신질환자 등에게 일시보호서비스 또는 단기보호서비스를 제공하고 퇴원했거나 퇴원계획이 있는 정신질환자의 안정적인 사회복귀를 위한 기능을 수행하며 이를 위한 주거제공, 생활훈련, 사회적응훈련 등의 서비스를 제공하는 시설이다.

④ 직업재활시설

정신질환자 등이 특별히 준비된 작업환경에서 직업적응, 직무기능향상 등 직업재활훈련을 받거나 직업생활을 할 수 있도록 지원하며 일정한 기간이 지난 후 직업능력을 갖추면 고용시장에 참여할 수 있도록 지원하는 시설이다.

⑤ 아동・청소년 정신건강지원시설

아동・청소년을 대상으로 상담, 교육 및 정보제공 등을 지원하는 시설이다.

(3) 중독자재활시설

알코올중독, 약물중독 또는 게임중독 등으로 인한 정신질환자 등을 치유하거나 재활을 돕는 시설이다.

(4) 생산품판매시설

정신질환자 등이 생산한 생산품을 판매하거나 유통을 대행하고 정신질환자 등이 생산한 생산품이나 서비스에 관한 상담, 홍보, 마케팅, 판로개척, 정보제공 등을 지원하는 시설이다.

(5) 종합시설

(1)~(4)까지의 정신재활시설 중 2개 이상의 정신재활시설이 결합되어 정신질환자 등에게 생활지원, 주거지원, 재활훈련 등의 기능을 복합적·종합적으로 제공하는 시설이다.

(6) 정신건강복지센터

지역사회 내 정신질환을 예방하고 정신질환자 발견·상담·정신재활훈련 및 사례관리를 하며 정신건강증진시설 간 연계체계 구축 등 지역사회 정신건강사업을 기획하고 조정하는 시설이다.

(7) 중독관리통합지원센터

지역사회 중심의 통합적인 중독관리 체계 구축을 통해 중독자 조기발견·상담·치료·재활 및 사회복귀를 지원하는 시설이다.

(8) 정신의료기관

급성 정신질환자에 대한 적정진료를 통해 일상생활 유지 및 조기 사회 복귀를 도모하는 시설이다.

3) 정신건강증진사회복지시설의 실습 예

○ 실습목표 1 : 정신건강에 관한 전반적인 이해 및 실천기술을 습득한다.

– 실행계획 1 : 수업시간에 배운 기술들인 경청, 비언어적인 표현 등 다양한 기술들을 실전에 이용한다.

– 실행계획 2 : 사례회의에서 학습한 내용을 매일 복습한다.

– 실행계획 3 : 실습 과정 동안 입원환자와 면담을 가진다.

○ 실습목표 2 : 병원 내의 정신건강사회복지사의 업무를 파악한다

– 실행계획 1 : 정신과 병동 프로그램을 참여한다.

– 실행계획 2 : 알코올 병동 프로그램을 참여한다.

– 실행계획 3 : 정신건강사회복지사의 말투와 행동, 기술들을 교과서에서 배운 내용과 비교하고 정신건강사회복지사의 행정업무를 실습해 본다.

필수 항목	과제 수행	비 고
• 정신질환자의 특성과 유형에 대한 이해 • 정신장애의 유형과 진단에 대한 이해 • 클라이언트와의 면담기술 교육 및 실습 • 집단 프로그램의 실제 이해 • 정신장애인의 인권에 대한 이해 • 정신건강복지법에 대한 이해 • 심리사회적 사정 실습 • 사례관리 실무에 대한 이해 • 사례연구(case study) 및 상담일지 작성 • 정신건강영역에서의 팀형력 이해 • 지역사회정신건강에 대한 이해 • 정신사회재활에 대한 이해 • 알코올중독에 대한 이해 • 정신장애인 및 지역주민을 대상으로 한 실천 프로그램 기획 및 적용 • 정신병원의 각 부서 업무에 대한 이해 • 정신장애인의 취업에 대한 이해	• 기관분석보고서 • 사례연구 • 사례관리 • 상담 기록 • 지역욕구에 대한 개입계획 • 프로포절 기획 및 적용 등 • 실천 프로그램 기획 및 적용 등	기관별 선택 사항

선택 항목		
• 후원자 업무와 자원봉사 관리 • 사회적 기업의 운영에 대한 이해 • 독립주거에 대한 이해 • 장애인 자조운동 조직 및 운영에 대한 이해 • 재무회계의 기본적 이해 • 타 기관 방문		

출처 : 한국사회복지사협회(2014).

3. 노숙인복지시설

1) 노숙인복지시설의 종류

(1) 노숙인일시보호시설

일시적인 잠자리 제공, 급식 제공, 응급처치 등 일시보호 기능을 주로 수행하면서 종합지원센터에 상담의뢰, 병원진료 연계, 생활물자 지원·보관 등 부가적인 서비스를 제공하는 시설이다.

(2) 노숙인자활시설

건강상 특별한 문제가 없고 일할 의지 및 직업능력이 있는 노숙인 등을 입소시켜 생활지도, 상담, 안전관리, 전문적인 직업상담 및 훈련 등의 복지서비스를 직접 제공하거나 직업훈련기관 또는 고용지원기관 등과의 연계를 통해 간접적으로 노숙인 등의 자활·자립을 지원하는 시설이다.

(3) 노숙인재활시설

신체장애, 정신장애 그 밖의 질환 등으로 인해 자립이 어렵고 치료와 보호가 필요한 노숙인 등을 입소시켜 치료 및 각종 재활 프로그램을 제공하고 사회적응훈련을 실시함으로써 노숙인 등의 신체적·정신적 재활을 통한 자립기반 조성을 지원하는 시설이다.

(4) 노숙인요양시설

건강상의 문제 등으로 인하여 단기간 내 가정 및 사회복귀가 어려운 노숙인 등을 입소시켜 상담, 치료, 요양서비스를 제공하는 시설이다.

(5) 노숙인급식시설

노숙인 등에게 필요한 급식서비스를 제공하는 시설이다.

(6) 노숙인진료시설

노숙인 등에 대한 진단, 치료, 재활 등 의료서비스를 제공하는 시설이다.

(7) 쪽방상담소

쪽방 거주자에 대한 상담, 취업지원, 생계지원, 기타 행정지원서비스를 제공하는 시설이다.

(8) 노숙인 종합지원센터

노숙인을 상담, 보호하고 생활 편의를 제공하거나 노숙인 복지시설에 인계하는 시설로서 노숙인 현황 조사, 관련 데이터 구축 및 분석연구, 노숙인 정책 수립의 기초 마련, 노숙인 자활지원과 사회복귀 지원 사업 등을 수행한다.

4. 기타 복지시설의 종류

1) 결핵·한센시설

무의탁 결핵·한센(감염병예방법 제2조) 환자의 보호 및 요양서비스를 제공한다.

2) 지역자활센터

근로능력이 있는 저소득층에게 집중적, 체계적인 자활지원서비스를 제공함으로써 자활의욕 고취 및 자립능력 향상을 지원한다.

3) 한부모가족복지시설

저소득 한부모가족 미혼가족・조손가족 등이 가족기능을 유지하고, 건강하고 문화적인 생활을 영위할 수 있도록 내실 있는 지원사업을 수행함으로써 한부모가족의 생활안정 및 자립기반 조성과 복지증진에 기여한다.

4) 가족센터(구 건강가정・다문화가족지원센터)

지역주민・다문화가족의 가족상담, 가족교육, 가족돌봄, 가족문화 서비스 등 가족과 관련된 문제를 종합적으로 상담하고 관련 서비스를 제공한다.

5) 청소년복지시설

청소년활동・청소년복지 및 청소년보호 등 청소년이 건강하고 행복하게 자랄 수 있도록 복지서비스를 제공한다.

활동하기

사회복지현장 중 장애인 및 정신건강증진시설 등 관련 기관을 확인하고 기관의 홈페이지를 참고하여 각 기관의 미션과 비전, 주요 사업에 대해 작성하고 발표해 본다.

기관명 :
홈페이지 :
주소 :
유형 :
설립목적 / 미션 / 비전 / 핵심가치 / 사업 / 특화사업 / 기타 등

CHAPTER 06

사회복지현장 실습의 기록

1. 사회복지실천의 기록
2. 사회복지현장실습기록의 실제

CHAPTER 06

사회복지현장실습의 기록

1. 사회복지실천의 기록

사회복지실천에서 기록은 전문성과 서비스의 질을 향상시키기 위해 매우 중요한 요소이다. 왜냐하면 사회복지실천에서 기록은 클라이언트의 상황을 확인하기 위해 초기 면접지 작성단계에서 수집한 정보를 기록하고, 서비스 형성단계에서 나타나는 사정과 계약을 위한 내용을 작성하고, 서비스 실행단계에 나타나는 목표달성과 클라이언트의 변화에 대한 정보를 기록하고, 그리고 서비스 종결단계 및 평가에 대한 정보를 기록하는 등 각 단계마다 시간이 경과됨에 따라 지속적으로 문서화되기 때문이다(황인옥, 2020).

1) 사회복지실천 기록의 목적

사회복지실천 기록의 목적은 다음과 같다.

① 책임성의 확보

책임성의 확보는 기록의 일차적인 목적이다. 사회복지사는 기관과 클라이언트, 지역사회에 대해 법적이고 윤리적인 책임성을 가지고 자신들이 제공하는 서비스나 개입에 대해 기록하고 설명하며 평가함으로써 전문직을 수행하게 된다.

② 정보제공 및 클라이언트 당사자와 정보공유

기록은 클라이언트와 그 가족, 대리인, 고용주에게 정보를 제공한다. 특히 클라이언트의 알 권리를 존중하기 위해 정보를 개방하고 공유하며, 치료적인 목적에 활용하기도 한다.

기록은 사회복지사가 클라이언트와 목표 및 개입방법 공유 등 의사소통의 도구로 사용될 수 있다. 최근 소비자 권리를 존중하는 경향에서 기록을 클라이언트나 가족에게 공개하는 경우가 증가하고 있다. 이런 경우 사회복지사는 클라이언트와 정보를 공유한다는 것을 염두에 두고 기록해야 한다.

③ 개입이나 서비스의 과정 점검 및 평가

기록은 서비스의 효과성을 높이고, 개입 과정을 점검하고, 서비스의 효과성을 지속적으로 평가하고 모니터링하기 위해 사용된다.

④ 서비스의 연속성 유지

기록은 담당 사회복지사의 휴가, 부서의 재배치, 사직, 이직 등이나 돌발적 상황으로 인하여 다른 사회복지사가 일시적 또는 영구적으로 클라이언트를 맡게 되었을 때, 클라이언트가 다른 기관으로 의뢰되었을 때, 현재까지의 진행과정을 파악할 수 있게 하여 지속적이고 연속적인 서비스의 제공을 가능하게 한다.

⑤ 클라이언트에 대한 이해 증진

사회복지사는 클라이언트가 무엇을 원하는지 욕구를 파악하고 개입의 방향을 설정하는 데 도움을 받는다. 클라이언트는 자신에 대한 기록을 보거나 기록과정에 참여함으로써 자신에 대한 이해를 높일 수 있다. 기록은 사회복지사와 클라이언트 간 의사소통을 원활하게 한다.

⑥ 전문직 간 의사소통 촉진과 협조체계 구축

사회복지실천 활동을 기록하면 여러 명의 다양한 전문가 간 의사소통을 원활히 하는 데 도움이 된다. 다양한 전문직이 함께 일하는 사회복지실천현장에서 기록은 학제 간의 원활한 의사소통을 가능하게 하며, 협조체계를 구축하는 데 도움을 준다. 예를 들어, 사회복지 전담공무원이 사회복지관 직원이 작성한 개입기록을 활용하여 수급자를 선정할 수도 있다.

⑦ 슈퍼비전 및 교육 활성화

기록은 학생이나 실습생, 초보 사회복지사들에게 사회복지실천과정을 가르치는 슈퍼비전의 도구로 활용된다. 즉, 기록은 실습생이나 초보 사회복지사들이 담당 교수나 실습지도자, 기관의 슈퍼바이저들이 읽어보고 그 내용에 따라 교육, 지도할 수 있는 자료로 활용된다. 일선 사회복지사도 기관의 관리자나 슈퍼바이저에게 자신의 활동에 대해 피드백을 받으면서 훈련하게 된다.

⑧ 근거자료 활용

기록은 수급자격 여부의 입증자료로 활용되기도 하고, 프로그램 예산 확보 등 재원확보나 기금을 조성하는 근거자료가 된다. 또한 기록은 서비스의 질을 관리하고 조사연구를 위한 자료로 활용되기도 한다.

⑨ 효과적인 사례관리

클라이언트에게 제공되는 서비스나 개입 등이 기록됨으로써 클라이언트가 타 전문가에게 의뢰될 경우 서비스가 끊기지 않고 연결될 수 있다. 서비스나 개입에 대해 문서화함으로써 서비스의 중복이나 누락을 막아 효과적으로 사례를 관리할 수 있다.

⑩ 사회복지실천 활동의 문서화

사회복지사는 클라이언트의 욕구 및 문제를 파악하고, 사정하고, 실천하고, 종결 및 평가하는 과정에 관한 모든 사항을 문서화하게 된다.

2) 사회복지실천 기록의 내용

(1) 기록내용의 구성요소

① 클라이언트와 만난 날짜

② 클라이언트에 관한 기본적인 정보 : 연령, 성별, 수입, 가족성원들, 이전 기관과의 접촉에 관한 내용 등

③ 클라이언트 접촉 사유 : 클라이언트의 문제와 상황, 기관방문 이유, 기관의 도움 가능 여부 등

④ 클라이언트의 문제와 상황에 관한 보다 자세한 정보 : 사회력(social history)

⑤ 수행과정의 측면 : 상황 속의 클라이언트의 사정에 관한 사회복지사의 인상, 중재를 위한 구체적인 계획, 클라이언트와 이 사례에 연루된 다른 사람들과의 접촉, 진전된 정도, 사례가 어떻게 종결되었는가

⑥ 사후지도

사회력(social history)

클라이언트를 이해하는 데 필요한 개인적, 대인적, 사회적, 환경적 정보이며 공통적으로 포함되는 정보는 다음과 같다.

⇨ 클라이언트 가족배경, 현재 가족의 구성, 건강상태, 장애, 의료상태, 최종 학력, 지적 기능, 심리적·정서적 기능, 대인관계, 소득, 직업, 환경, 기술, 대처방식, 문제해결능력, 주택, 지역사회, 이웃, 교통수단, 현재와 최근의 지역사회 전문적 서비스 이용

(2) 사회복지실천기록 내용

① 클라이언트 특성 : 클라이언트와 그 가족에 의해 보고되는 정보, 공공서류와 다른 서비스 기록에 있는 정보에 기초한다.

② 서비스를 개시하는 방법과 이유 : '의뢰'라는 용어로 기록되는데, 서비스를 의뢰하는 측이 가지고 있는 서비스에 대한 클라이언트의 욕구와 서비스의 잠재적 이득에 대한 견해를 나타내 준다.

③ 현재와 과정의 클라이언트 상황에 대한 기술 : 사회복지사는 자신의 지식과 경험으로부터 클라이언트의 상황에서 매우 중요하다고 판단되는 특정 요소에 관심을 기울인다. 클라이언트의 상황에서 매우 중요한 요인에 관한 가설을 만들거나 반박하게 된다.

④ 자원과 제약 : 탐색과정에서 확인된 문제와 욕구에 대응하기 위해 이용 가능한 공식적·비공식적 자원과 지역사회의 부적합성뿐만 아니라 자원에 접근하는 데 따른 장애요소도 기록되어야 한다.

⑤ **사정** : 사회복지사의 사고과정과 결정 및 행동의 근거를 보여준다. 기록에서 사정은 있는 그대로의 기술과 분리되어 '사회복지사의 사정', '견해', '조작적 개념'과 같은 분명한 명칭을 갖는 것이 좋다.

⑥ **서비스에 영향을 미치는 결정** : 사회복지사의 클라이언트에 관한 관찰, 선호도, 자원의 이용 가능성, 과거력, 기관의 정책, 클라이언트나 클라이언트의 개인적 환경 내에 있는 다른 사람의 행위에 근거한다.

⑦ **서비스 목적** : 목표를 달성하기 위해 사회복지사, 클라이언트, 다른 사람이 어떤 행동을 취할지를 명시하는 것이다.

⑧ **서비스 계획** : 서비스 목적을 세우기 위해 취해지는 행위를 포함한다. 계획은 다음 단계에서 탐색해야 할 중요한 쟁점이 무엇인지, 어떻게 해석할 것인지를 기술해 준다.

- 기관에 대해 또는 프로그램 의뢰에 대해 기술한다.
- 탐색과 개입을 위한 쟁점을 제시한다.
- 사회복지사, 클라이언트, 타인이 취한 일련의 단계를 기술한다.
- 돌발사건을 제시한다.

⑨ **서비스 특성** : 서비스를 추적하기 위해 순서도나 서비스 진행표와 같은 단일 양식을 사용한다.

⑩ **중간노트** : 간결할 수도 포괄적일 수도 있다. 중간노트의 목적은 클라이언트의 상황이나 서비스 제공에 관한 새로운 또는 부가적인 정보 기록, 서비스의 목적이나 계획 수정, 서비스 종결 시기 결정, 서비스 평가, 책무성 수행, 합의된 실무를 준수하고 있는지 보여주기, 슈퍼비전, 자문, 동료, 검토, 행정적 의사결정 등이 있다.

⑪ **서비스 재검토** : 서비스 결정과 서비스 활동에 대한 공식적 재평가를 기록한다. 이러한 재검토는 흔히 동료, 다른 서비스 제공자, 슈퍼바이저, 자문자, 클라이언트와 클라이언트를 대신하고 있는 사람의 의견을 포함한다.

⑫ **서비스 종결의 방법과 이유** : 서비스는 사전에 수립된 계획에 따라 종결될 수도 있으며 클라이언트의 독립적 결정에 의해 조기 종결될 수도 있다.

⑬ **서비스 활동과 결과에 대한 요약** : 사회적 서비스에 관한 기록은 흔히 서비스과정의 개괄이라고 할 수 있는 종결요약과 종결 당시의 서비스 결과에 대한 기술을 포함한다. 클라이언트가 부가 서비스를 받기 위해 재방문할 때, 서비스 교류에 관한 정보를 쉽게 이용할 수 있게 만들어 준다.

⑭ **사후지도** : 클라이언트의 상황에 관한 현재의 상태와 향후의 서비스에 관한 제안이나 클라이언트와 함께 또는 클라이언트를 대신해서 취해진 모든 행동에 대한 정보를 포함해야 한다.

3) 사회복지실천 기록의 종류

(1) 과정기록

과정기록(process recording)은 사회복지실천 기록의 가장 오랜 기록방법이다. 사회복지사와 클라이언트의 면담에서의 상호작용을 있는 그대로 기록하는 방법이다. 클라이언트의 사회상황에 대해 이야기한 내용, 클라이언트의 행동, 사회복지사가 관찰한 것과 판단한 것 등 클라이언트와 사회복지사의 면담내용을 대화체로 옮겨 기록하는 것이다.

※ 과정기록은 작성하는 데 많은 시간이 소요되는 한계를 가지고 있기 때문에 오늘날 사회복지실천 기록에서 거의 사용되지 않고 상담과정의 축어록으로 사용된다.

〈표 6-1〉 **과정기록 예시**

면접 내용	사회복지사 의견 및 분석	슈퍼바이저 코멘트
사회복지사 : 어떻게 여기 오시게 되었죠? 클라이언트 : 남편이 일을 하지 않아서요. 사회복지사 : 실직을 하셨나요? 아니면 일하기 싫어하시는 것인가요? 클라이언트 : 둘 다인 것 같아요. 병원만 다니면서…	문제가 단순하지 않다는 생각에 약간 혼란스러웠지만, 문제의 가닥을 잡기 위해 차근차근 질문해 가기로 했다.	

출처 : 황인옥(2020).

① 과정기록의 장점

- 사회복지실습이나 교육방법으로 유용하다.
- 슈퍼바이저는 기록내용을 통해 실습생의 기능수행능력을 파악하고 더 효과적으로 기법들을 활용할 수 있도록 구체적으로 지도할 수 있다.
- 자신이 진행한 과정을 자세하게 기록하는 과정을 통해 자신에 대해 새롭게 인식하고 서비스과정에서 자아 활용 정도를 향상시킬 수 있다.
- 사례진행에 대한 점검 및 면담 중 일어난 일을 파악함으로써 잘못된 사례진행을 사전에 예방할 수 있다.

② 과정기록의 단점

- 기록에 시간이 많이 소요되어 비효율적이다.
- 면담에서 실제 일어난 일을 완벽히 재현하기 어렵다.
- 불완전하고 왜곡된 정보를 제공할 위험이 있다.
- 기록에 너무 집중해서 오히려 면담에 방해요인이 될 수 있다.

(2) 요약기록

요약기록(summary recording)은 간결하고 초점이 분명하기 때문에 사회복지기관에서 가장 많이 사용되는 기록 형태이다. 클라이언트의 상황(사회력이나 사정과 같은 특정 내용)과 서비스에 대해 이야기하듯이 서술하는 형식으로 사례의 진행사항을 요약한 보고형태의 기록으로, 주제와 시간에 따라서 조직되고 재구성된 총괄적 기록이다. 특히 사회복지사가 한 일보다는 클라이언트에게 일어난 변화, 서비스 제공에 초점을 두어 기록하여야 하며, 기록에 포함해야 할 중요내용을 선택하여 조직적이고 논리적으로 요약할 수 있는 사회복지사의 능력이 필요하다.

〈표 6-2〉 요약기록 양식 예시

대상자	○○○	성별	남	작성자	○○○
생년월일 (연령)	35세	주소			
일자	20○○년 ○월 ○○일 ○○시	연락처		면담장소	ct 자택

•제시된 문제 :

•가족기능 :

•현재 상태에 대한 클라이언트의 인식 :

•사정 :

•계획 :

① 요약기록의 장점

- 기록의 융통성 : 사회복지사가 중요하다고 판단한 것을 포괄적으로 기록 가능하다.
- 임상실무의 문서화에 적합 : 클라이언트의 상황, 서비스가 갖는 특수한 본질을 반영하는 것이 가능하며 장기간에 걸쳐 진행되는 사례에 적합하다. 사회복지의 이론과 실천, 서비스 제공, 기록에 대한 사회복지사의 지식이 반영된다.
- 효율성 : 서비스대상에 관계없이 개별화된 서비스를 문서화하므로 간결하고 초점이 분명한 기록이 가능하다.

② 요약기록의 단점

- 사회복지사의 재량에 많이 의존하기 때문에 기록내용이 너무 단순하거나 또는 필요 이상으로 길거나 초점이 명확하지 않을 수 있다.
- 개별적으로 자유롭게 구성되어 있어서 원하는 정보를 찾아내기가 어렵다.

- 기록에 시간이 많이 소요되어 비효율적 : 과정기록에 비해 시간은 적게 드나 더 많은 생각과 조직화가 필요하며 무엇을 기록하고 무엇을 뺄지 결정하는 것이 필요하다.

(3) 문제중심기록

문제중심기록(problem－oriented recording)은 클라이언트의 현재 문제를 중심으로 문제영역을 규정하고, 사정하고, 목록화해서, 각 문제해결을 위해 무엇을 할 것인지 계획하고, 진행사항을 작성하는 기록이다. 문제중심기록은 병원 또는 정신건강센터 등에서 여러 전문직이 함께 일할 때 광범위하게 사용되는 기록의 형태이다.

문제중심기록은 크게 두 가지로 구성되는데, 문제목록과 진행기록이다. 첫 번째는 문제를 목록화하는 것이다. 즉, 클라이언트의 문제상황을 진단하고 개입계획을 포함한 문제의 목록을 작성하는 것이다. 두 번째는 각 문제에 대해 무엇을 할 것인지 계획하고 그 진행사항을 기록하는 진행기록이다. 진행기록은 보통 SOAP 형태를 따른다(생각의마을, 2017).

〈표 6-3〉 SOAP 방식 기록

구분	내용
S(Subjective information) 주관적 정보	클라이언트가 지각하는 문제, 자신의 상황과 문제에 대해 어떻게 생각하고 느끼고 있는지에 대한 주관적 정보를 기술한다.
O(Objective information) 객관적 정보	클라이언트의 행동이나 외모에 대한 사회복지사의 관찰과 같은 사실적이고 객관적인 정보를 기술한다(주거상태, 건강상태, 경제상태 등).
A(Assessment) 사정	주관적 정보와 객관적 정보를 기반으로 확인된 문제에 대해 사정한다.
P(Plan) 계획	앞의 주관적 정보와 객관적 정보 사정을 기반으로 확인된 문제에 대해 무엇을 할 것인지에 대한 계획을 기술한다.

〈표 6-4〉 문제중심기록 예시

• 클라이언트의 기본 정보
이름 : ○○○
나이 : 35세
성별 :

• 문제목록

번호	문 제	확인된 날짜	중단/ 해결된 날짜
1	남편의 음주 문제	6/1	6/15
2	클라이언트의 정서적 어려움	6/1	-
3	클라이언트의 결혼지속 의사 여부 불분명	6/1	6/20

• 초기계획(문제별로 초기계획을 수립함)
문제 1.
문제 2.
문제 3.

• 진행 노트
날짜 : 6월 1일 클라이언트와의 첫 번째 개별면담

• 문제 1. 남편의 음주 문제

S(Subjective information)	허구한 날 술만 먹고 남편 구실을 해야지요. 돈 한번 제대로 벌어온 적이 없어요. 매일 잔소리 해봐야 먹히지도 않고, 죽는다, 헤어지자… 그래도 들은 척도 안 해요. 애들 때문에 살지…
O(Objective information)	문제성 음주, 사회적 역할수행 기능 약화, 가족의 대응기제 결핍
A(Assessment)	알코올 의존, 가족대처기술의 결핍, 질병에 대한 이해 부족
P(Plan)	① 주 1회 알코올 교육집단 참여 ② 가족교육(질병의 이해, 대처기술)

• 문제 2. 클라이언트의 정서적 어려움

① 문제중심기록의 장점

- 정보 교환 용이 : 서로 다른 전문직 간의 의사소통을 촉진하고 여러 분야가 서로 협력적 공조를 원활히 하고, 책무성을 향상시키고 질 높은 기록검토가 가능하다.
- 서로 다른 다양한 전문직과 함께 일하는 현장에서 효과적이다
- 책무성 향상 : 목록화된 각 문제에 초점을 맞추어 다루어야 하고 모든 치료계획에 대해 문서화된 추후점검을 할 수 있어 책임소재가 명확하다.
- 기록의 간결성과 형식의 통일성 : 기관감독자, 조사연구자, 외부의 자문가 등이 쉽게 기록 검토가 가능하다.
- 사회복지사나 모든 실무자들이 하나의 기록부에 같은 형태로 기록하므로 각각의 팀 구성원이 규명된 문제에 대하여 무슨 일을 하는지 한눈에 알 수 있다.

② 문제중심기록의 단점

- 클라이언트의 강점, 욕구, 자원보다는 문제 강조 : 사회복지실천의 관심의 폭을 제한한다.
- 개인과 환경의 상호작용보다는 개인 강조 : 관련 현상의 복잡성을 단순화시킬 우려가 있다.
- 부분화 강조 : 통합적이며 체계적인 쟁점들의 왜곡 가능성이 있다.

(4) 좋은 기록 VS 잘못된 기록

① 좋은 기록의 특징

다음은 좋은 기록의 특징이다.

- 서비스의 결정과 행동에 초점을 둔다.
- 사정, 개입, 평가의 기초가 되는 클라이언트와 상황에 관한 정보가 들어 있다.
- 각 단계에서의 목적, 목표, 계획, 과정과 진행을 포함하여 서비스 전달에 관한 정보가 들어 있다.

- 상황묘사와 사회복지견해가 명확하게 분리되어 별도의 제목하에 서술되어 읽는 사람이 사회복지사의 관찰사항과 해석을 구분하여 이해할 수 있다.
- 구조화되어 있어서 정보를 효과적으로 문서화할 수 있고 쉽게 분별해 낼 수 있다.
- 서비스 전달이 잘 묘사되고 모든 문서가 정확하여 유용하다.
- 기록이 간결하고 구체적이며, 타당하고 명확하며, 논리적이고 시기적절하며, 의미 있고 사실에 근거한다.
- 전문가 윤리를 바탕으로 한다.
- 수용된 이론에 기초해 있다.
- 전문가의 견해를 담으면서도 클라이언트의 관점을 무시하지 않는다.

② 잘못된 기록의 특징

다음은 잘못된 기록의 특징이다.

- 내용이 부정확하고 사실에 근거하고 있지 않다.
- 내용이 너무 길고 복잡하여 이해하기 어렵다.
- 내용이나 과정상 윤리적 문제가 있다.
- 기록자의 선입견이나 클라이언트에 대한 편견이 들어 있고 클라이언트에게 낙인을 준다.
- 수동태 문장을 많이 사용하여 행위의 주체를 파악하기 어렵다.
- 지나치게 요약하여 정보로서 가치가 없다.

2. 사회복지현장실습기록의 실제

1) 실습일지

실습일지에는 실습생과 실습지도자가 서명하는 결재란, 실습생명, 실습지도자(명), 실습지도교수(명), 실습일, 소속, 실습기관, 실습지도자 의견란 등이 기본형식 안에 들어 있다. 기본적으로 실습일지는 실습생이 수행한 업무내용을 작성한 것으로 분석, 평가, 성찰을 통해 경험 향상에 기여하게 되는 기록이다. 따라서 실습생이 실습기관에서 하루 동안 경험한 일들을 시간대별로 구분하여 작성하는 것이다.

2) 실습일지의 작성목적

- 자신의 활동에 대해 분석하고 평가하여 앞으로의 실습내용을 보완한다.
- 실습목표 달성을 위해 앞으로 해야 할 구체적 노력이 무엇인지 알 수 있다.
- 실습지도자가 실습활동을 점검하고 시의적절한 슈퍼비전을 주는 근거가 된다.
- 실습내용뿐만 아니라 기관이나 사업에 대해 분석하고 평가하여 기관운영에도 간접적으로 기여할 수 있다.

3) 사회복지현장실습 실습일지 작성

실습일지의 기본 구성요소는 같으나 교육기관이나 실습기관에서 요구 또는 제공하는 양식이 매우 다양하여 양식에 맞추어 작성하도록 해야 한다. 양식 확인은 매우 기본적이고 중요한 작업이다.

- 실습생 이름을 적고 실습 날짜, 오늘의 목표를 적는다. 실습 날짜는 수정액으로 수정이 불가하며 부득이하게 수정할 시에는 두 줄을 긋고 실습지도자 서명이나 도장을 받는다.
- 실습일지는 실습일에 기록하여야 하며, 미루어 작성하거나 미리 작성하여서는 안 된다. 또한 지도교수의 방문 시 실습에 대한 지도를 받을 수 있기 때문에 항상 전날의 일지까지 작성되어 있어야 한다.
- 실습내용은 일정에 따라 자신이 수행한 업무를 구체적이고 명확하게 기록한다. 혹시 기관에서 워드 문서 작성을 원하기도 하는데 이때에는 워드 문서 작성을 해도 된다.

- 실습내용 기록 시 시간대별로 작성하고 사실을 중심으로 기록하며 자신의 느낌이나 추측, 평가 등은 실습생 소감란에 기록한다.
- 클라이언트를 대상으로 직접 개입했을 경우 과정기록을 할 수 있도록 노력한다. 실습생 중심이 아닌, 클라이언트와의 상호작용, 클라이언트의 반응, 태도 등을 기록한다.
- 교육내용은 요약하여 기록하고, 기관에서 배부한 교육자료나 관련 문서들을 실습일지에 첨부하여 보관한다.
- 실습일지는 사적으로 작성하는 기록이 아니므로 실습일과에 대한 실습생 개인의 감정이나 주관적 의견, 느낌 등은 지양하고 실습과정에서 자신이 배운 점과 느낀 점은 실습생 소감란에 기록한다.
- 전문용어를 사용하여 기록하며 정확한 표현을 위해 단어 선택에 유의한다.
- 일지 작성 시 클라이언트에 대한 비밀보장을 위해 클라이언트의 이름을 머리글자로 표기하거나 가명을 사용한다.
- 집단 프로그램을 직접 진행했을 경우 집단기록 일지를 작성하여 첨부한다.
- 프로그램에 보조진행자나 관찰자로 참여했을 때 집단과정 및 집단지도자의 역할 등을 자세히 기록한다.
- 매일 반복되는 일과를 기록하기보다는 실습 경험을 통해 발전한 점, 추후 학습해야 하는 부분들이 잘 드러나도록 기록한다.
- 기관에 제출한 과제도 실습일지에 첨부한다.
- 실습지도자의 슈퍼비전 내용도 구체적으로 기록한다.
- 실습일지는 공식문서이다. 그러므로 용어선택에 신중을 기하고, 맞춤법이 틀리지 않도록 노력한다.
- 속어, 약어, 특수문자, 이모티콘 등은 사용하지 않도록 주의한다.

〈표 6-5〉 일지 작성 시 잘못된 표현 VS 올바른 표현

구분		내용
평가	잘못된 표현	지각하였다. 그러므로 슈퍼바이저에게 지적당했고, 난 할 말이 없이 시키는 대로 과묵하게 청소만 하였다.
	올바른 표현	배우는 자세에 소홀함이 있었다. (자기 반성적 고찰) 무엇 하나라도 열심히 배우려는 자세가 필요함을 절실히 느끼는 하루였다. (구체적인 목표를 설정)
가정 방문	잘못된 표현	오늘 순이 할머니와 돌이 할아버지의 만남을 주선하였다. 두 분이 이상형이셨는지 연신 입가에 미소가 번졌고 나는 자기효능감이 상승하는 기분이었다.
	올바른 표현	홀로되신 어르신의 정서지원 서비스를 제공하여 드렸다. 그랬더니 우울감을 나타내던 어르신의 만족도가 향상되는 것을 관찰할 수 있었다. (클라이언트가 원하는 것, 필요와 만족도의 개연성을 구체적으로 표현) 나는 그것을 바탕으로 어떠한 정서지원서비스를 구체적으로 준비해야 하는지에 대한 설계를 할 수 있어서 무언가 몸소 체득한 시간을 가지게 되어 좋았다.
관찰	잘못된 표현	오늘 아이들 간식으로 요구르트와 과자가 나왔다. 보기엔 조금 허름해 보였지만 아이들은 연신 즐거운지 맛나게 먹었다.
	올바른 표현	성장하는 아이들의 발육증진을 목적으로 하루에 한 번 간식을 제공하였다. (건강증진을 목적으로 실시, 원인에 구체성을 제시) 언제나 천진난만한 아이들이 아무런 걱정 없이 건강하게 자랄 수 있도록 영양공급과 체력증진 서비스를 병행하여 실시한다면(제3의 변수를 도입하여 결과에 영향을 주는 방향성) 시너지 효과를 상승시킬 수 있다고 생각한다. (타당성이 있는 구체적은 결론을 이끌어 내도록 문장을 완성)
교육	잘못된 표현	실습 때문에 기관에 온 지 며칠이 되어도 무언가 가르쳐 줄 생각도 없는 관계자들 때문에 청소만 열심히 했다. 무엇을 하자는 건지 잘 모르겠다.
	올바른 표현	상황에 맞는 자원을 최대한 활용하여 무엇을 해야 하는지 구상하는 시간을 가져보고(적극적인 자세 표현), 그것에 대한 평가를 좀 더 구체적으로 더 배우고 싶었다. (배우고자 하는 의지) 슈퍼바이저님 및 관계자 분들과 긴밀하고 적극적인 상호작용 속에서 (임파워먼트에 대한 역량강화 및 환류) 이용자분들의 욕구에 대한 접근도를 높이기 위한 방법을 배우고 싶다. (교육받는 위치에서의 노력) 기관에 있는 자원을 어떻게 써야 하는 건지 구체적인 방법도 듣고 싶다. (자원 활용 방법 모색법)

개입	잘못된 표현	OO할머니는 치아가 없어서 음식을 먹다가 자꾸 뱉어나느라 더러워서 혼났다. 이건 뭐 매번 턱받침 해 드리고 앞치마 해 드려야 하니 귀찮아 죽겠다.
	올바른 표현	어르신의 결손된 치아로 인해 소화력이 더딘 분들을 우한 종합 케어식으로 영양밸런스를 맞추어 식단을 짜고 치결손으로 인해 소화를 못시키는 욕구(Want, or need) 충족을 위한 노력(종합 케어식으로 영양밸런스를 맞춤)을 기울였다.

4) 실습사진

별도로 첨부할 수 있는 사진 제시란이 있는가 하면, 실습일지에 매일 사진을 첨부하는 곳도 있다. 현장실습 사진은 기본적으로 실습현장 활동 중 실습생의 얼굴이 나와야 하며 사회복지 대상자의 얼굴은 모두 모자이크 처리하여야 한다.

〈표 6-6〉 실습일지 예시

실습일지

실습생	슈퍼바이저
(인)	(인)

1. 실습생명 :

2. 실습일 : 0000년 00월 00일 00시~00시 (총 0시간)

3. 오늘의 목표 : 지역사회복지관의 사례관리에 대해 이해한다.

4. 진행내용(시간, 내용 등을 중심으로 기록)

<작성예시>

09:00~10:00 실습 오리엔테이션(담당 : ○○○ 선생님)

10:00~11:00 교육 : 기관소개 및 동영상 상영 (담당 : ○○○ 선생님)

11:00~12:00 재가 장애인 가정방문 동행 (담당 : ○○○ 선생님)

12:00~13:00 점심시간

•••

17:00~18:00 일일 실습평가회 (담당 : 실습지도자 ○○○ 선생님)

<작성방법>

- 일반적으로는 1시간 단위 일정으로 상세히 기재하도록 함
- 통일성 있는 시간표기방식 지도
- 주요일정과 함께 담당자도 같이 기재하도록 지도

5. 실습생 의견(배운 점, 의문사항, 건의 등 포함)

<작성예시>

- 실습 첫날이라 긴장을 했지만, 실습 오리엔테이션을 통해 실습 전반에 대한 유의사항을 듣고 실습생들의 자세를 익힘으로써 긴장감을 해소하였다.
- 재가장애인 가정방문이 처음이라 어떤 분들인지 궁금하였는데, 사회복지사 선생님과 함께 동행하여 관찰하니 사업의 의미를 이해할 수 있었다.

<작성방법>

- 진행된 실습일정에 대해 실습생이 생각하고 느꼈던 점들을 되짚어 보면서 개조식으로 조목조목 기록하도록 지도함
- 배운 점, 의문사항, 건의사항 등을 구애 없이 자유롭고 다양하게 기재하도록 하되, 매일 충실히 기록한 내용의 변화를 실습생이 스스로 관찰할 수 있도록 함

6. 실습지도자 의견

<예시>

- 실습생이 작성한 일일실습내용과 실습소감을 검토한 후, 실습생 개인의 수준에 맞는 맞춤 슈퍼비전을 제시함. 잘못 이해한 부분은 관점을 바로잡아 주고, 생각지 못한 부분에 대해서는 언급을 통해 새로운 배움이 될 수 있도록 지도함

○○대학교 사회복지학과

〈표 6-7〉 사회복지현장실습 확인서

〈2021. 4. 15. 개정〉

사회복지현장실습 확인서

[ ]신규발급, [ ]재발급 (앞쪽)

구분	항목	내용	항목	내용
실 습 생 인적사항	성 명		생년월일	※「주민등록번호」 앞자리 6자리를 기재 바랍니다
	휴대전화번호		학 교 명	※ 현재 소속 중인 학교명을 기재 바랍니다.
실습기관 및 실습지도자	실습기관명		실습기관 관리번호	※ 실습기관 선정 시 부여된 등록번호 기재
	기관 주소	※「도로명 주소」로 기입해 주세요	전화번호	
	실습 지도자명	※ 실습생의 실습을 지도한 지도자명 기재	사회복지사자격번호 (취득일자)	제 - 호 (. . .)
실습기간	실습 기간	20 년 월 일 ~ 20 년 월 일		
	실습 시간	총 시간 (총 회, 1일 평균 시간)		

실습기관은 「사회복지사업법 시행규칙」 제3조 [별표1]의 규정에 따라 자격요건을 갖춘 실습기관과 실습지도자에 의해 기관 실습을 진행하였으며, 상기 실습생이 위와 같이 기관실습을 하였음을 확인합니다.

20 년 월 일

기관실습 지도자 : (서명 또는 인) 기관실습 실시기관 : (직인)

구분	항목	내용	항목	내용
교육기관 및 세미나교수	교육기관 유형	[ ]오프라인 / [ ]온라인	교육기관명	※ 실습세미나 교육기관명을 기재 바랍니다.
	실습세미나 교수명		학 과 명	
	실습세미나 교수 취득학위 (사회복지학 또는 사회사업학)	[ ]학사, [ ]석사, [ ]박사	교육기관 전화번호	
실습세미나	실습세미나 기간	20 년 월 일 ~ 20 년 월 일		
	실습세미나 횟수(시간)	총 회 (시간)	대면방식 세미나 횟수 (시간)	총 회 (시간)

교육기관은 「사회복지사업법 시행규칙」 제3조 [별표1]의 규정에 따라 자격요건을 갖춘 실습세미나 지도교수에 의해 실습세미나를 진행하였으며, 상기 실습생은 위와 같이 실습세미나를 이수하였음을 확인합니다.

20 년 월 일

실습세미나 교수 : (서명 또는 인) 학 과 장 : (직인)

한국사회복지사협회장 귀하

재발급 사유	※ 사회복지현장실습 확인서 재발급 시 재발급 사유 기재 바랍니다.

[사회복지현장실습에 관한 기준] – 사회복지사업법 시행규칙 [별표1] 사회복지관련 교과목(제3조 관련)

① 기관실습 실시기관 : 보건복지부장관으로부터 선정된 사회복지사업을 수행하는 기관, 법인, 시설 또는 단체

② 기관실습 지도자 : 사회복지사 1급 자격증을 취득한 이후 3년 이상 또는 사회복지사 2급 자격증을 취득한 이후 5년 이상 사회복지사업의 실무경험이 있는 자로 기관실습이 실시되는 연도의 전년도에 8시간 이상의 보수교육을 받은 자

③ 기관실습 시간 : 160시간 이상으로 한다.(단, 시행일 2020. 1. 1. 기준일 2019. 12. 31. 사회복지학 전공교과목과 사회복지 관련 교과목의 전부 또는 일부 이수하였거나 수강하고 있는 사람은 120시간 이상)

④ 실습세미나 : 1회당 2시간 이상의 실습세미나를 총 15회 이상 실시하며, 정보통신망을 이용한 온라인 교육을 실시하는 교육기관의 실습세미나에는 대면 방식의 세미나가 총 3회 이상 포함되어야 하며, 한 세미나에 참여하는 학생 수는 30명 이내일 것

⑤ 실습세미나 교수 : 학사, 석사 또는 박사 학위 중 2개 이상의 학위를 사회복지학 또는 사회사업학 전공으로 취득한 사람으로서 3년 이상의 사회복지학 교육경험 또는 3년 이상의 사회복지사업 실무경험이 있는 교수가 지도할 것

※ 법령이 정한 상기 기준은 모두 충족해야 하며, 미충족 시 사회복지사자격증을 교부할 수 없습니다.

CHAPTER 07

사회복지실습현장의 사례관리

1. 사례관리의 등장배경
2. 사례관리의 개념과 기능
3. 사례관리의 목적과 목표
4. 사례관리를 위한 사회자원
5. 사례관리 과정

CHAPTER 07

사회복지실습현장의 사례관리

1. 사례관리의 등장배경

사례관리는 주로 미국의 사회복지 또는 간호 영역 중 지역사회 사회복지사나 방문간호사의 역할에서 그 기원을 찾을 수 있다. 미국에서는 1800년대 후반에 빈민을 구호하기 위해 세워졌던 많은 민간단체 사이에서 자선의 중복을 막고자 하는 욕구가 증가하였다. 효율적인 자선 배분을 위해 사례 조정이 중요한 실천활동이 되었는데, 사례관리의 초기 뿌리는 여기에서 찾을 수 있다. 기관 사이의 서비스를 조정하는 동시에 클라이언트와 가족 상황을 효율적으로 관리함으로써 자원의 오・남용을 막고자 사례관리가 요구된 것이다. 사례관리가 대인서비스 영역에서 급속하게 성장한 것은 1980년대 초반이며, 우리나라의 경우는 1990년대에 와서 관심을 받기 시작하였다. 1990년대는 우리나라 사회복지의 방향이 지역사회복지 중심으로 전환되고, 재가복지서비스에 대한 확장이 이루어졌기 때문에 사례관리는 재가복지서비스 제공을 위한 핵심방법으로 자리 잡게 되었다. 최근 사례관리가 사회복지실천의 주요 전략으로 급부상하고 있는 이유를 목슬리(Moxley, 1989)는 다음과 같이 제시하고 있다.

1) 사례관리의 필요성 대두

(1) 대인서비스 공급에 있어서 탈시설화의 영향

탈시설화는 클라이언트가 시설생활에서 탈피해 다시 가정과 지역사회로 돌아오는 것을 의미한다. 시설은 클라이언트가 현실적으로 겪고 있는 생활상의 어려움을 가정이나 지역사회와 분리되어 문제해결을 할 수 있는 곳이었다. 그러나 시설수용은 사회복지비용을 증가시키는 중요한 원인이 되었고, 선진국에서는 탈시설화 정책을 통하여 클라이언트에게 지역사회에 기반을 둔 서비스를 제공하게 되었다. 그러나 당시 지역사회서비스 기관들은 서로 조정되지 않고 분절된 채 개별적으로 서비스를 제공하고 있었기 때문에 지역사회 내에 널리 분산된 서비스를 조정하고 통합시키려는 전략이 모색되었는데, 이때 사례관리가 중요한 실천방법으로 제시되었다.

(2) 지역사회서비스의 지방분권화 영향

지방분권화는 사례관리의 필요성을 확산하는 계기가 되었다. 지방자치제의 시행으로 중앙정부에서 지방정부 차원으로 서비스가 많이 전환됨에 따라 서비스를 제공하는 다양한 기관이 증가하게 되었다. 그러나 지방을 중심으로 제공된 서비스는 기관 간의 서비스를 공유하고 조정하는 것이 어려우므로 클라이언트로서는 서비스의 분산과 단편화로 인해 욕구에 적합한 통합적 서비스가 되지 못하였다. 따라서 지방자치제로 인한 부정적 영향을 줄이고 클라이언트 중심의 욕구를 보다 통합적으로 파악하고 개입하도록 지원하는 사례관리방법이 등장하였다.

(3) 복합적 욕구를 가진 클라이언트의 증가

각종 사고와 재해로 정신·신체 장애를 가지는 사람의 증가, 노인인구의 증가, 실업률의 증가, 사회계층 양극화로 인한 빈곤층의 증가, 가족해체 등 현대사회의 특성으로 인해 사회적 기능상의 심각한 문제를 지닌 취약계층이 증가하고 있는데, 이들의 욕구는 복잡하고 다양하며 장기적인 특성이 있다. 이러한 욕구는 한 조직이 제공하는 서비스만으로 충족할 수 있는 욕구가 아니라 여러 서비스의 상호 협력을 기반으로 제공된 서비스를 통해 충족할 수 있다. 따라서 클라이언트에게 통합적 서비스를 제공하기 위해 사례관리가 필요하게 되었다.

(4) 사회적 네트워크의 중요성에 대한 인식 증가

가족이나 친척과 같은 클라이언트의 주변 환경은 클라이언트가 지역사회 내에서 기능하는 데 긍정적 영향을 미칠 수도 있고 부정적 영향을 미칠 수도 있다. 사례관리자는 클라이언트의 다양한 욕구를 명확히 하고, 적절한 자원을 제공하며, 클라이언트 및 자원과 적합한 연계를 하여야 한다. 사례관리는 비공식적 자원을 공급하는 개인 및 사회조직과 공식적 대인서비스를 공급하는 전문직을 조정하는 사회적 네트워크의 중요한 역할을 담당한다.

(5) 대인서비스의 단편성

대부분의 대인서비스는 특정한 표적 인구집단을 대상으로 단편적으로 조직되어 있다. 즉, 연령집단별로는 아동, 청소년, 노인 등으로 구분되어 있으며, 욕구영역별로는 소득, 보건, 의료, 주택, 교육, 취업, 교통, 정신건강, 사회활동, 여가 등으로 나뉘어 있고, 문제영역별로는 지적장애, 발달장애, 정신장애 등으로 조직되어 있다. 또한 한 분야의 서비스를 받는 사람들을 대상으로 살펴보더라도 서비스를 제공하는 장소, 연령, 전문가, 시간 등이 상당히 분산되어 있다.

(6) 대인서비스의 효율성에 대한 관심 증가

사회 서비스 제공에 있어서 효율성의 추구는 어느 시대를 막론하고 중요한 쟁점이었다. 이러한 서비스 제공의 효율성에 대한 관심은 제한된 자원 내에서 서비스 전달의 효과를 최대화하려는 목적에서 비롯되었다. 한정된 자원을 필요로 하는 클라이언트가 증가하면서 서비스의 중복과 누락을 점검하는 전문 기술이 필요해졌는데, 그러한 전문 기술로서 사례관리가 새롭게 등장했다. 특히 현대에는 증가하는 의료비에 대한 대응책으로서 사례관리를 통한 점검이 중요해졌는데, 이것은 사례관리가 사회복지실천 영역에 더욱 관심을 받게 되는 데 힘을 더했다.

2. 사례관리의 개념과 기능

1) 사례관리의 개념

사례관리는 전통적 사회복지 실천방법의 모든 측면을 통합한 것으로서, 다양하고 복합적인 욕구를 가진 클라이언트를 대상으로 그들의 욕구를 충족시키고 사회적 기능을 향상하기 위하여 고안된 사회복지실천의 새로운 접근방법이다. 사례관리란 지역사회복지실천에서 지역사회보호나 재가복지모형과 연관되며, 복합적이고 다양한 욕구와 문제를 지닌 클라이언트를 중심으로 그들의 욕구문제를 해결하고 사회적 기능을 증진하기 위해서 그들이 필요로 하는 보호와 서비스를 효과적으로 제공받을 수 있도록 공식적 보호체계와 비공식적 보호체계를 통합·조정·관리하는 과정으로 개념화할 수 있다는 측면에서 지역사회복지 실천방법으로 볼 수 있다.

2) 사례관리의 기능

사례관리는 한 사람의 사례관리자가 복합적 욕구를 가진 클라이언트에게 다양한 서비스 자원을 연결해 클라이언트가 사회생활상의 어려움을 극복할 수 있도록 돕는 사회복지실천의 한 방법이다. 이를 위해 사례관리자는 일련의 과정을 통해 직접적 서비스 제공 기능과 서비스 제공자 간의 연계활동 기능을 수행하게 된다. 즉, 사례관리는 임상적 기능의 직접적 개입과 행정적 기능의 간접적 개입으로 수행된다. 사례관리의 임상적 기능과 행정적 기능에 대해 정리하면 다음과 같다.

(1) 사례관리의 임상적 기능

개별 클라이언트의 신체적·정신적·심리적·사회적 측면에 관심을 가지고, 개별화된 상담 및 치료를 통하여 직접적으로 개입하는 것을 의미한다. 상담 및 치료를 통하여 개별 클라이언트에게 개입하기 위해서는 사례관리자와 클라이언트의 우호적인 신뢰관계 구축이 무엇보다도 중요하다.

(2) 사례관리의 행정적 기능

개별 클라이언트가 접촉하고 있는 사회적 체계, 예를 들면 가족, 학교, 직장, 지역사회 등의 체계에 관심을 갖고, 이들 체계가 클라이언트의 삶에 미치는 영향을 살피면서 클라이언트의 삶에 긍정적 변화를 가져올 수 있도록 이들 체계와 클라이언트 사이의 공식적·비공식적인 원조망을 개발하고 유지하는 기능을 수행하는 것이다. 또한 사회적 체계에 존재하는 다양한 자원과 서비스로의 의뢰나 연계 그리고 조정 활동을 펼친다. 이처럼 사례관리는 개별 클라이언트에 대하여 직접적 개입 및 간접적 연계와 조정 기능을 통하여 클라이언트의 욕구 충족을 강화한다. 이때는 개별 클라이언트와의 신뢰관계 구축, 지역사회자원과 서비스와의 네트워크 구축이 전제되어야 한다.

3. 사례관리의 목적과 목표

1) 사례관리의 목적

사례관리가 추구하는 궁극적 목적은 서비스의 누락 및 중복을 방지하며, 클라이언트에 대한 보호의 지속성을 실현하는 것이다. 나아가 클라이언트의 삶의 질 향상과 지역사회통합을 달성하는 데 그 목적이 있다. 즉, 가족과 이웃이 있는 지역사회 내에서 클라이언트가 지역사회의 한 구성원으로서 지역사회와 밀접한 상호작용을 맺으며 일반인들과 함께 독립적으로 살아갈 수 있도록 돕는 것이 사례관리의 지향점인 것이다.

2) 사례관리의 목표

사례관리가 추구하는 구체적 목표는 크게 다섯 가지 측면으로 정리할 수 있다. 서비스의 지속성, 접근성, 책임성, 효율성 그리고 클라이언트의 삶의 질 향상이다(홍현미라 외, 2010; Intagliata, 1982).

(1) 서비스의 지속성

서비스의 지속성은 다시 횡단적 측면의 지속성과 종단적 측면의 지속성으로 구분된다. 횡단적 측면의 지속성이란 다양한 서비스 영역 속에서 클라이언트에게 필요한 서비스를 어느 시기라도 제공받을 수 있도록 하는 것, 즉 서비스가 포괄적으로 조정되어 제공될 수 있도록 하는 것을 의미한다. 이를 위해서는 클라이언트에게 제공된 서비스 종류 등을 파악하여 서비스 포괄성과 중복성을 검토하는 사례관리 활동이 필요하다. 다음으로 종단적 측면의 지속성이란 변화하는 클라이언트 욕구에 끊임없이 부응하면서 서비스가 통합적으로 제공될 수 있도록 하는 것이다.

(2) 서비스의 접근성

지역사회 내에 흩어져 있는 서비스들은 대상 기준, 규제 범위, 정책 그리고 운영과정이 저마다 다양하다. 클라이언트는 신체적·정신적 장애, 지리적 한계, 서비스 구매력의 제한, 서비스에 대한 무지 및 정보의 한계 등으로 서비스 접근에 어려움이 있다. 사례관리는 클라이언트가 필요로 하는 서비스에 접근할 수 있도록, 이를 방해하는 장애물이 있는지를 확인하여 제거함으로써 서비스 이용을 돕는다.

(3) 서비스의 책임성

지역사회 내에서는 다양한 기관이 저마다 개별적 서비스를 제공하면서 복잡한 서비스 전달체계가 작동된다. 이때 클라이언트에게 필요한 서비스가 반드시 제공될 수 있도록 책임성을 다할 수 있는 사례관리활동이 요구된다. 예를 들어, 한 명의 서비스 제공자나 하나의 서비스 제공 팀 혹은 하나의 서비스 기관이 클라이언트에게 필요한 서비스가 전달되었는가를 점검하는 책임이 필요하다. 이를 위하여 기관 차원에서는 담당 사례관리자를 지정하거나, 지역사회 차원에서는 담당 사례관리기관을 선정하는 것이 필요하다. 사례관리자는 서비스 제공기관 혹은 서비스 제공자(혹은 팀)가 지속해서 클라이언트와 연계되는가 혹은 변동되었는가, 변동되는 과정에서 단절 없는 연계가 이루어졌는가를 점검할 필요가 있다.

(4) 서비스의 효율성

복잡한 서비스 체계 내에서 다양한 기관의 개별적 서비스가 제공되면서 클라이언트에게 서비스가 중복되거나 누락될 수 있다. 이때 사례관리는 서비스 제공 과정을 조정함으로써 필요한 서비스가 중복 또는 누락되지 않도록 하여 서비스 전달의 비용효과를 높일 수 있다.

(5) 클라이언트의 삶의 질 향상

사례관리자 측면에서 바라보는 것이 아니라, 클라이언트 측면에서 사례관리는 건강 및 생활기능, 경제상황, 주거 및 고용, 교육, 비공식적 지지망, 지역사회 통합 등을 통해 클라이언트의 신체적·정신적 건강 증진, 주거안정, 직업재활, 지지망 확대, 사회적 기능 향상 등의 클라이언트의 삶의 질 향상에 도움을 준다.

이러한 사례관리의 다섯 가지 목표는 개개인의 잠재력을 극대화하는 데 도움을 준다. 또한 가족 및 일차집단의 보호능력을 극대화하는 데 큰 역할을 하며 공식적인 보호체계와 일차적인 보호자원을 통합하고 공식적 보호체계 내 클라이언트의 자원활용 능력을 극대화한다.

4. 사례관리를 위한 사회자원

사회자원은 복지욕구의 충족을 위해 이용·동원되는 시설 설비, 자원, 물품, 다양한 제도, 기능, 지식, 개인·집단 등의 유형이나 무형의 하드웨어, 소프트웨어의 총체라고 할 수 있다. 사회자원은 클라이언트의 복잡하고 다양한 욕구충족과 사회적 기능을 향상하는 데 필요한 사례관리의 중요한 구성요소 중의 하나다.

1) 공식적 자원

공식적 자원이란 제도화된 자원으로, 대표적인 것으로서는 행정에 의한 공적 서비스를 들 수 있다. 또한 인가를 받은 민간조직·단체(사회복지법인, 의료법인, NPO

등)에 의한 서비스를 일컫는다. 공식적 서비스는 서비스 적용에 관한 일정의 평가기준 및 이용수속이 정해져 있고, 계획적 사업방침에 의해 안정되고 계속된 서비스가 공급되며, 전문적인 서비스 제공이 기대되는 특징을 가지고 있다.

2) 비공식적 자원

비공식적 자원 또는 비공식적 서비스란 제도화되어 있지 않은 서비스를 말한다. 주로 친척, 친구, 동료, 자원봉사자 등 명확히 제도화되어 있지 않은 당사자 조직, 상호부조단체 등에 의한 서비스를 들 수 있다. 또한 가족에 의한 일차적 원조와 케어도 포함된다. 이 자원은 클라이언트에게 정서적 욕구를 충족시키기 위해서 없어서는 안 되는 자원이라 할 수 있으나, 한편으로는 서비스의 지속성, 안정성 등의 신뢰성이나 전문성이 공식적 서비스에 비해서 떨어진다.

3) 내적 자원

이것은 본래 클라이언트 자신이 가지고 있는 적응능력, 해결능력이다. 사례관리의 실천은 단순히 외적 자원을 동원하는 것뿐만 아니라, 내적 자원에도 주목하여 내적 자원을 활용·개발하여 클라이언트의 잠재능력을 개발시켜 성장이 촉진되도록 하는 것이다.

5. 사례관리 과정

1) 사례관리 과정

사례관리의 과정은 기본적으로 문제해결 과정으로서 단선적 과정이기보다 순환적인 연속과정이다. 로스먼(Rothman, 1990)은 사례관리의 과정을 클라이언트 확보, 인테이크 및 사정, 개입 계획, 클라이언트와의 연결, 탐색, 결과, 평가 등으로 설명하였다. 한국사례관리학회(2012)는 사례관리의 과정을 초기단계, 사정단계,

계획단계, 실행단계, 평가 및 종결단계의 5단계로 제시하고 있다. 사례가 종결된 이후에도 클라이언트의 향상된 문제해결 능력과 변화가 최대한 지속할 수 있도록 사후관리를 하는 것이 필요하다고 본다. 이러한 관점을 반영해 사례관리의 과정을 초기과정, 사정과정, 계획과정, 개입 및 점검과정, 평가 및 종결과정의 5단계로 제시하여 설명하면 다음과 같다.

(1) 초기과정

초기과정은 아웃리치를 통한 사례 발견이나 긴급한 욕구를 가진 자를 스크리닝하여 사례관리 과정에 참가시키는 것이다. 즉, 지역사회복지관을 중심으로 각종 상담이나 지역주민의 정보를 통해서 서비스를 받도록 권장하거나 홍보하는 단계다. 이 단계에서 사례관리자는 클라이언트에게 자신과 자신이 속한 기관을 소개함으로써 클라이언트가 자신의 문제를 함께 해결해 나갈 전문가와 기관을 충분히 이해하고 신뢰하도록 도와야 한다. 또한 클라이언트가 자신을 잘 소개하고 의뢰하고자 하는 문제가 무엇인지 정확하게 이야기할 수 있도록 격려하고 독려하는 것이 목표다. 초기단계에서 필요한 사례관리자의 주요 기술은 신뢰구축 기술, 부정적 감정을 다루는 기술, 기대를 명료화하는 기술 등이다.

(2) 사정과정

사정과정에서는 클라이언트를 사회생활의 전체적인 시점에서 파악하여 각종 욕구를 평가한다. 사정의 내용은 원조대상자들의 특성에 따라 달라지지만, 현재의 문제상황, 신체적 · 정신적 건강생활, 일상생활의 동작능력, 경제상황, 세대구성, 가족구성, 이웃 · 친구에 관한 정보, 현재의 공적 서비스 등이 포함된다.

(3) 계획과정

계획과정은 사례관리 목표의 설정과 서비스 제공계획 수립의 단계로 클라이언트 측의 욕구와 해당 지역의 잠재적인 서비스의 제공능력에 맞추어 클라이언트의 욕구에 맞는 원조목표를 설정하고, 개별화된 서비스와 원조를 통합해서 서비스의 계획을 작성하는 과정이다. 사례관리자는 계획수립 후 작성된 계획서를 기초로 클라이언트와 계약을 한다.

(4) 개입 및 점검과정

개입과정은 클라이언트의 변화 도모를 위한 서비스 계획을 실행하는 단계로 사례관리자는 다양한 자원 공급주체와 클라이언트와 함께 이 과정에 참여하도록 원조한다. 사례관리자는 직접실천과 간접실천의 방법으로 클라이언트의 변화를 돕는다. 또한 설정된 목표에 대한 개입 실행 정도를 점검하고, 클라이언트나 사회상황의 변동에 따라 욕구가 충족되지 못한 경우에 재사정을 하며 서비스의 계획을 변경한다. 뿐만 아니라 개입과정의 점검을 통해 클라이언트에게 새로운 욕구가 발생되었을 경우도 재사정을 통해 서비스 개입계획을 변경하고, 변경된 계획에 의해 개입과 점검을 다시 실시하게 되는 순환적 과정을 거친다.

(5) 평가 및 종결과정

종결과정은 계획단계에 설정된 목표가 달성된 정도를 평가하고, 목표가 달성되면 종결을 한다. 종결에서는 목표달성 정도뿐만 아니라 클라이언트의 감정정리도 원조한다. 또한 사례 종결 후 사례관리자는 클라이언트의 향상된 문제해결능력과 변화가 최대한 지속되도록 사후관리를 한다.

〈표 7-1〉 초기상담지 예시

초 기 상 담 지

<table>
<tr><td>상담번호</td><td colspan="3">G00000000686328</td><td colspan="3">상담일자</td><td colspan="3">202○년 ○월 ○일</td><td>(차)상담</td></tr>
<tr><td rowspan="2">상담자</td><td rowspan="2" colspan="3">이○○</td><td colspan="3">소 속</td><td colspan="4">○○동</td></tr>
<tr><td colspan="3">연락처</td><td colspan="4">010-0003-○○○○</td></tr>
<tr><td>접수경로</td><td colspan="10">□ 대상자 요청(방법 :) □ 타 기관 의뢰 ( )
□ 기관 내 의뢰 ( ) □ 129콜센터 이관 ( )
□ 통장 및 이웃주민 등( ) □ 좋은이웃들 ( )
■ 사례관리자의 발굴 □ 기타 ( )</td></tr>
<tr><td>상담장소</td><td colspan="10">□ 지역사회기관방문 ■ 가정방문 □ 내방 □ 전화</td></tr>
<tr><td>대상자명</td><td colspan="3">김○○</td><td colspan="3">성별</td><td colspan="4">■ 남 여</td></tr>
<tr><td rowspan="2">주민번호</td><td rowspan="2" colspan="3">00****-1******</td><td rowspan="2" colspan="3">연락처</td><td colspan="2">집(직장)</td><td colspan="2"></td></tr>
<tr><td colspan="2">휴대전화</td><td colspan="2"></td></tr>
<tr><td>등본주소</td><td colspan="10">서울특별시 ○○구 ○○동</td></tr>
<tr><td>실거주주소</td><td colspan="10">서울특별시 ○○구 ○○동</td></tr>
<tr><td rowspan="3">가족사항</td><td>관계</td><td>성명</td><td>연령</td><td>결혼</td><td>동거</td><td>학력</td><td>직업</td><td>건강</td><td>장애 및 질병</td><td>비고</td></tr>
<tr><td>가구주</td><td>김○○</td><td>39</td><td>이혼</td><td>동거</td><td>-</td><td>서비스직</td><td>불량</td><td>정신질환
(알코올
의존증,
우울증,
기타 내과질환)</td><td></td></tr>
<tr><td>자</td><td>김○범</td><td>15</td><td>미혼</td><td>동거</td><td>고교
재학</td><td>학생</td><td>양호</td><td></td><td></td></tr>
<tr><td>상담내용</td><td colspan="10">- 김○○(남, 39세)는 전처와 노점을 운영하며 영세한 생활을 해왔으며, 부인의 부채 관련 문제로 이혼하고 자녀(남, 15세) 1명을 양육하고 있는 부자세대임. 이혼 후 자녀는 인척에게 맡기고 홀로 노숙과 쉼터생활을 해오다 지인의 도움으로 보증금 없이 월 25만 원의 임대료를 지불하는 집을 얻어 다시 자녀와 함께 생활하고 있음. 지속적인 음주 및 자살기도로 2009년 7월 전문사례관리대상으로 선정하여 정신건강센터, 알코올상담센터, 아동보호전문기관, ○○지구대 등과 사례관리 진행하여 응급상황은 해소되었으나 문제와 욕구 재확인을 거쳐 잠재된 위험 및 위기상황에 대한 개입이 필요함
- 가족, 자녀 : 김○○는 어린 시절부터 백모에 의해 양육되었으며, 부양의무자인 부는 주민등록말소 상태로, 행방에 대해 알고 있지 못함. 이혼한 전처는 재가한 상태임. 부자의 애착관계는 양호하며 자녀가 부의 문제를 잘 이해하고 가사 등 일상 활동을 수행하고 있음. 가구주의 경우 '애정'과 '인정받고자 함'의 욕구가 큼</td></tr>
</table>

	– 주거 : 지인의 배려로 보증금 없이 월 25만 원에 거주하며 주거상태 전반적으로 양호함. 자녀가 OO구 OO동에 있는 학교에 진학하면서 인근 임대주택 입주를 희망함 – 경제 : 비정기적인 일로 가구 내 경제적 어려움이 클 것으로 판단되나 경제적 지원의 욕구는 표면적으로 없음
상담내용	– 고용, 직업 : 지난 해 사례관리 선정 당시, 퀵서비스로 월 100만 원의 소득이 있다 신고하였으나 이후 재상담 시 실제 소득이 그에 훨씬 미치지 못한다 하였음. 최근 날씨가 풀리면서 경쟁이 심해 일거리를 구하기가 더 어렵다 함. 자활사업 참여 등은 희망하지 않음 – 의료, 정신건강 : 만성 알코올중독 및 이로 인한 타 신체적 질병, 자살기도 등으로 정신과병원 응급입원 후 퇴원함. 이후 표면적인 어려움 없으며 상담 시 음주하지 않는다 하나 실제 상태 확인 및 이에 대한 지속적인 관리 필요할 것으로 판단됨 – 일상생활 : 비음주 시 큰 어려움은 없음. 자녀가 가사활동 수행함
주요문제	□ 안전(학대, 방임, 기타 안전)의 문제 ■ 신체 및 정신건강 문제 □ 일상생활 유지문제 □ 가족생활문제 □ 사회적 관계(친인척, 이웃, 동료관계 등)문제 ■ 경제적 문제 □ 교육 및 학습의 문제 ■ 취(창)업 및 직무수행상의 문제 □ 생활환경 및 권익보장의 문제 □ 기타
상담결과 판정의견	□ 기초생활보장 □ 영유아 □ 아동 □ 청소년특별지원 □ 한부모 가족 □ 장애인 복지 □ 노인복지 □ 사회복지서비스(바우처) □ 긴급복지 ■ 기타사회복지서비스(알코올상담 등)
	■ 서비스연계/ 사례관리대상 (■ 사례관리 □ 서비스연계) □ 추가상담 후 판단
상담자 종합의견	통합사례관리대상로 재추천하여 개입하고자 함

CHAPTER 08

사회복지실천현장의 프로그램 개발

1. 사회복지 프로그램 개발의 개념과 필요성
2. 사회복지 프로그램 개발의 유형
3. 논리모델의 이해

CHAPTER 08

사회복지실천현장의 프로그램 개발

1. 사회복지 프로그램 개발의 개념과 필요성

1) 사회복지 프로그램의 개념

프로그램은 하나 혹은 여러 개의 관련 목표를 달성할 목적으로 계획된 일련의 활동이다. 또한 특정한 목적 달성을 위하여 자원과 기술이 투입되어 일정한 절차에 따라 이루어지는 조직의 계획적 활동체계이다(황성철, 2015). 이러한 프로그램에 대한 정의를 사회복지와 접목하면, 사회복지 프로그램이란 사회복지조직의 목적달성을 위해 사회문제를 해결하고 취약계층과 일반시민의 사회복지적 욕구를 충족시켜 주기 위해 자원과 기술이 동원되어 클라이언트 체계의 변화를 촉진시키는 계획된 활동이다(황성철, 2015).

따라서 사회복지 프로그램은 클라이언트의 욕구해결과 같은 사회복지조직의 가치나 목적을 달성하기 위하여 어떤 개입이 효과적이고, 실현 가능할 것인지를 파악하여 절차를 계획하고 수행하는 전체적인 일련의 활동과 그 체계이다. 사회복지 프로그램을 개발한다는 것은 단순한 기술을 습득하고자 하는 것이 아니라 인권존중과 삶의 변화를 위한 창조적인 작업이다.

2) 사회복지 프로그램 개발의 책무성

사회복지 프로그램의 책무성(accountability)은 프로그램과 연관이 있는 이해 관련 당사자(stakeholder, 예를 들어 후원자, 이사회, 정부, 전문가, 클라이언트, 지역사회 주민 등)들과 재정지원자들에게 프로그램이 효과적이며 적용범우, 서비스, 법적 그리고 재정적 필요조건들을 준수하고 있다는 증거를 제공하는 사회복지사들의 책임을 의미한다. 책무성은 얼마 정도의 재원으로 어떤 것이 성취되었는가를 위한 객관적인 증거의 기초 위에서 프로그램의 정당성을 입증하기 위한 능력이라고 할 수 있다. 즉, 필요한 자원이 적재적소에 필요한 만큼 적절하게 사용되었는가, 그리고 적절한 자원의 소모로 인해 프로그램의 목적과 목표가 달성되었는가가 책무성에서 더욱 강조된다고 할 수 있다.

최근까지 막대한 사회복지비용 투자에 대한 고민에서 출발한 또 다른 책무성의 필요성으로는 자원의 희소성에 기초한 자유경쟁시장의 확대발전을 들 수 있다. 효율성과 효과성을 중요시하는 평가도구를 갖춘 경제학자들에 의해 대부분의 사회복지 프로그램이 비효율적이고 비효과적이라는 평가와 함께 책임성은 위기로 다가왔다.

우리나라에서의 책무성 요구의 배경으로는 사회복지공급주체의 다원화, 기존 사회복지기관의 비효과적인 행태를 문제 삼는 세력들의 등장과 사회복지서비스의 민영화 경향, 사회복지사업법의 개정에 따라 민간 사회복지기관, 시설들이 최소한 3년에 1회 이상 평가를 통해 책임성을 입증하도록 한 제도 등이다.

2. 사회복지 프로그램 개발의 유형

사회복지 프로그램의 유형은 사용하는 기준에 따라 크게 개입 주제, 구성체계, 서비스 특성 등의 기준에 따라 구분될 수 있다.

1) 프로그램의 개입 주제별 유형

(1) 사회화와 발달적 욕구충족을 위한 프로그램

개인이 인간으로 성장하고 발전하는 전 생애에 걸쳐 제기되는 욕구충족을 목적으로 한다. 예를 들면, 아동양육 및 보육 프로그램, 청소년 성장 집단 프로그램, 노인의 사회참여 강화 프로그램 등이다.

(2) 문제를 갖는 개인 또는 가족의 치료 · 보호 · 지원서비스

문제 중심의 프로그램으로 개인과 가족이 당면한 사회적 관계와 적응상 문제의 해결을 위해 마련되는 프로그램이다. 예를 들면, 입양 및 위탁가정보호 프로그램, 가출청소년 선도 프로그램, 위기가정 상담 및 집단 치료 프로그램 등이 있다.

(3) 서비스 접근성을 확보하기 위한 안내 및 의뢰 프로그램

다른 주된 프로그램에 부수적으로 수반되는 하위 서비스나 활동의 형태로 홍보, 정보제공, 의뢰, 연계서비스를 의미한다. 예를 들면, 홍보 및 정보제공 또는 접근성 향상을 목적으로 시행되는 활동, 클라이언트의 의뢰나 신규 대상자 접수와 관련된 활동 등이다.

2) 프로그램의 구성체계별 유형

(1) 단순 프로그램

하나의 단순한 목적 달성을 위해 비교적 짧은 시간에 다른 프로그램과 유기적 관련성이 적은 프로그램으로 주로 1회성으로 이루어지는 프로그램을 지칭한다. 예를 들면, 아동학대예방 캠페인, 방학 중 청소년 자원봉사활동 프로그램 등이 있다.

(2) 종합 프로그램

상위 프로그램으로 하위 몇 개 단위 프로그램들이 의미 있는 종합을 이룰 때 형성, 개별상담과 집단 활동을 혼합하는 경우도 있고, 상담 · 치료 · 교육 · 재활 · 보호 · 정보제공 · 의뢰 · 지원 등 각종 사회복지서비스들이 유기적으로 혼합되는 형태를 유지한다. 예를 들면, 방과 후 아동보호 프로그램(종합 프로그램)은 아동상담 및 관리, 학습지원 및 특별활동, 아동보호 및 급식이 유기적으로 결합, 각 단위 프로그램의 내용에 따른 서비스 활동, 예를 들어 아동상담 및 관리 프로그램 및 관리 프로그램에는 상담서비스, 심리검사, 교사상담, 가정통신문, 사례관리 등의 서비스 활동이 포함된다.

3) 서비스 특성에 따른 프로그램 유형

(1) 문제해결을 위한 전문임상 프로그램

개인이나 가족 등 개별화된 대상의 심리적 문제해결이나 감소를 돕기 위한 전문적 개입 프로그램이다. 예를 들면, 심리정서, 임상치료, 가족치료, 가족상담, 심리상담, 심리치료, 재활, 개별보호, 집단상담 프로그램 등이 있다.

(2) 문화생활 프로그램

일상생활과 관련하여 축제 및 행사, 건강, 역사탐구, 여행 등 보편적인 삶의 질을 높일 수 있는 프로그램이다. 예를 들면, 축제행사, 문화기행, 야외캠프, 취미교양, 생활체육, 사회교육, 문화활동 체험 및 여행 프로그램 등이 있다.

(3) 지역사회 연계 프로그램

사회복지시설 또는 효과적인 프로그램 실행을 위해 지역사회 자원을 연계하거나 연결하는 등의 프로그램으로, 예를 들면, 홍보마케팅, 사회보호, 교육훈련, 자조모임, 자원봉사 프로그램이 있다.

(4) 사회운동 프로그램

정책이나 사회제도 등의 변화는 물론 클라이언트의 권익옹호와 지역사회 변화를 위한 프로그램으로, 예를 들면, 캠페인, 권익옹호 활동, 법률개정 운동, 지역공동체, 주민자치, 주민조직화 프로그램 등이 있다.

(5) 사회보장 프로그램

공적 전달체계에 의해 제공되는 프로그램 또는 소득유지나 소득창출 및 일자리 창출 등을 위한 프로그램으로, 예를 들면 국민기초생활보장제도, 공적연금제도, 직업훈련 프로그램, 직업알선 프로그램 등이 있다.

4) 사회복지공동모금회의 사업구분

① 기초생계 지원, ② 교육/ 자립 지원, ③ 주거/ 환경 개선, ④ 보건/ 의료 지원,

⑤ 심리/ 정서 지원, ⑥ 사회적 돌봄 강화, ⑦ 소통과 참여 확대, ⑧ 문화격차 해소의 8개 분야 및 해당 분야별 모금회 지속가능발전목표(C-SDGs)로 구분된다.

〈표 8-1〉 사업구분 세부 내용

배분분야	모금회 지속가능발전목표(C-SDGs) 분류체계	지원목적
기초생계	(목표1) 경제적 빈곤 퇴치	• 인간의 기본적 욕구 충족, 절대적 빈곤 위험 완화와 예방
	(목표2) 영양 및 급식지원/ 기아종식	
교육/ 자립	(목표4) 교육 및 자립역량 강화	• 취약계층의 자립역량 강화 지원과 빈곤의 대물림 방지
	(목표8) 양질의 일자리 만들기	
	(목표9) 적정기술과 정보 기술격차 해소 지원	
주거/ 환경 개선	(목표7) 모두를 위한 깨끗한 에너지	• 안전한 주거환경 조성 • 환경보호, 지역사회환경 개선
	(목표11) 지속가능한 지역사회 인프라 구축	
	(목표12) 지속가능한 생산과 소비	
	(목표13) 기후변화와 대응	
	(목표14) 해양생태계 보존	
	(목표15) 육상생태계 보호	
보건/ 의료	(목표3) 신체·정서적 건강과 회복	• 신체적으로 건강한 삶을 위협하는 요인의 완화 및 사전예방 • 의료서비스 기회제공 및 과부담의료비 경감
	(목표6) 깨끗한 물과 위생	
심리/ 정서	(목표3) 신체·정서적 건강과 회복	• 건강한 삶을 위한 정신적, 심리적 지지 및 회복
사회적 돌봄 강화	(목표10) 사회적 배제 감소와 불평등 완화	• 보호가 필요한 취약 계층의 안전한 삶 지원
소통과 참여 확대	(목표5) 성평등	• 민간전달체계 강화를 통한 양질의 복지서비스 제공 및 주민참여를 통한 민간 복지자원 확대
	(목표11) 지속가능한 지역사회 인프라 구축	
	(목표16) 사회적 약자의 권리증진	
문화격차 해소	(목표10) 사회적 배제 감소와 불평등 완화	• 여가, 문화, 예술의 다양한 경험 및 활동에 대한 기회 확대로 삶의 질 개선과 역량강화

3. 논리모델의 이해

1) 논리모델의 도입배경

사회복지 프로그램의 개발이란 기존의 프로그램을 개선하거나 과학적이고 체계적인 과정을 통하여 발전시켜 나가는 과정이며 새로운 프로그램을 만드는 것을 의미한다. 효율적인 서비스를 제공하기 위하여 프로그램의 개발이 필요하며 이는 사회복지서비스 활동에 있어 필수적인 과정이다. 최근 프로그램 개발 과정에서 논리모델을 기반으로 프로그램의 과정을 제시하는 사업계획서가 늘고있다.

논리모델(logic model)이란 특정 상황 속에서 발현된 문제를 효과적으로 해결하기 위한 진행과정 중 해당 프로그램이 어떻게 작동하는지에 대하여 흐름에 맞도록 논리정연하게 나타내는 이론이다. 프로그램 활동이 결과를 도출하는 과정에서 논리적 순서도를 제시하기 때문에 논리모델은 프로그램 이론으로도 불린다.

논리모델을 활용하면 특정 상황 속에서 발현된 문제에 개입하기 위해 만들어진 프로그램이 자원, 활동, 산출, 성과 각 부분에서 '논리적 연계성이 있는가?'에 대한 의문의 답을 찾게 된다. 특히 프로그램 과정과 성과 등을 흐름도를 이용하여 쉽게 설명할 수 있어 현재 한국사회복지공동모금회의 배분신청서 서식 등으로 자주 활용되고 있다.

2) 논리모델의 구성요소

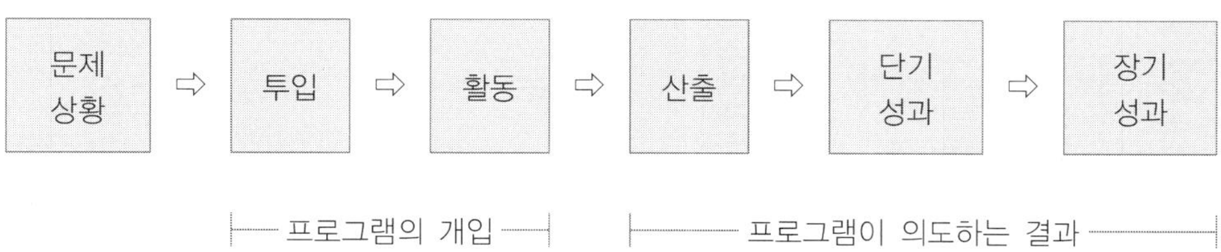

[그림 8-1] 논리모델의 기본 모형

출처 : 이봉주 · 김기덕 · 신원우(2018).

(1) 상황(situation)

프로그램이 개입해야 하는 현재의 문제상황이다. 개입이나 해결이 필요한 사회적 이슈나 집단의 문제, 우선적으로 개입을 해야 하는 사유 등의 자세한 상황에 대하여 가급적이면 문제나 이슈들을 수치화시켜서 작성하는 것이 좋다.

(2) 투입(input)

문제상황의 개입과 해결을 위하여 프로그램이 필요로 하는 자원의 종류와 수치를 말한다. 프로그램 진행, 행정・사무 인력, 자원봉사자 등의 인적 자원과 사업 및 프로그램 운영에 소요되는 현금, 현물, 시설, 장비 등의 물적 자원 등이 해당된다.

(3) 활동(activity)

투입 과정에서 수합된 인적・물적 자원을 활용하여 서비스 제공자들이 대상자들에게 어떤 종류와 내용의 프로그램을 제공할 것인지에 대한 전체적인 계획이다. 일반적으로 프로그램 활동이라고도 불린다. 예를 들어, 사회복지사 5명이 초등학교 부적응 아동 20명을 대상으로 '축구 프로그램'을 100시간 진행, 노인복지시설 2개소에서 어르신들 무료 식사 나눔 200인분 제공 등의 내용이라고 볼 수 있다.

(4) 산출(output)

앞서 투입과 활동으로 인해 즉각적으로 발생하는 결과로서, 활동 과정으로 발생하는 서비스 제공의 양을 사업 대상자에 대해 나타나는 결과로 표시한다. 활동이 서비스를 제공하는 시점이라면, 산출은 서비스를 제공받는 결과라고 볼 수 있다. 예를 들어, '축구 프로그램'에 참여하는 학교 부적응 아동 19명이 90시간의 집단사회화 적응 훈련을 받음, 210명의 어르신들이 무료 식사 나눔 서비스를 받음 등이 있다.

(5) 성과(outcome)

산출이 '활동의 생산물'이라고 본다면, 성과는 그 생산물들을 통해 궁극적으로 성취하려던 프로그램의 목적과 목표를 나타낸다. 예를 들어, 활동으로 인한 산출이 '축구 프로그램에 참여한 학교 부적응 아동 19명이 집단 사회화 적응 훈련을 90시간을 받음'이라고 한다면, 궁극적인 성과는 '학교에의 올바른 적응'이다. 성과는 방향이나 발생 시간에 따라 단기성과, 장기성과 2단계 또는 단기성과, 중기성과, 장기성과 3단계까지 나누기도 한다.

- 단기성과(immediate outcome) : 프로그램의 결과와 직접 연결, 연계되어 있는 가장 즉각적인 대상자들의 이익이나 변화
- 중기성과(intermediate outcome) : 단기성과의 지속적인 적용으로 인한 결과
- 장기성과(ultimate outcome) : 프로그램으로 얻고자 했던 궁극적인 목적과 목표

3) 논리모델의 장점

프로그램에서 논리모델을 사용하는 것은 프로그램 기획과 관리 그리고 평가 기능을 구성하고 체계화하는 데 도움을 준다. 프로그램 설계와 기획에 있어서 논리모형은 프로그램 전략을 발전시키고 프로그램 개념과 자금 지원자를 포함한 중요 이해 관계자들을 위한 접근을 명확하게 설명하는 기획도구로서의 기능을 한다. 사회복지 프로그램의 경우 이론적 지식을 바탕으로 운영된다 할지라도 구체적인 활동 내용은 현장의 요구에 따라 변화하는 경우가 많다. 프로그램 이론을 고려할 경우, 프로그램 평가과정에서 목적, 목표 활동 등이 구체적으로 정의되고 합의되기 때문에 프로그램 결과와 활동의 관련성이 높아질 수 있다. 또한 논리모형은 프로그램 구조와 조직을 정교하게 만들고 자체 평가를 적절하게 설계하는 데 도움이 된다.

이와 같이 논리모델의 의거해서 프로그램을 기획하고 실행, 평가하면 대표적으로 다음과 같은 이점을 얻을 수 있다.

(1) 프로그램 이론의 명확화

프로그램의 논리적 구조에 대한 파악은 곧 프로그램이 어떤 이론적 체계를 기반으로 하는지가 명확하게 되는 것이다. 프로그램을 구성하는 제반 요소들 간의 인과관계가 곧 프로그램 이론이기 때문이다.

(2) 기획 고정의 가이드

논리모델을 프로그램 기획 과정에서 활용한다면, 프로그램의 제반 요소들을 어떻게 구성하는 것이 적절할지를 안내해 줄 수 있다.

(3) 실행과 모니터링의 도구

프로그램의 실행 과정을 모니터링하고 개선하려면 적절한 정보가 있어야 한다. 그러한 정보들이 어디에서 어떻게 생성되어야 할지를 논리모델 분석이 제시해 줄 수 있다.

(4) 평가와 측정의 모형

논리모델은 프로그램의 개선이나 결과 평가의 목적에도 유용하게 쓰일 수 있다. 프로그램이 성과가 나타나지 않는 등의 오류가 발생할 때, 논리모델은 그 원인이 구체적으로 어떤 요소와 관련되어 있는지를 파악할 수 있게 해준다. 또한 평가를 위해 무엇을 어떻게 측정해야 할지를 알려줄 수 있다.

(5) 합의적 도구

사회복지 프로그램은 다수의 이해관계자들에 의해 구성된다. 기획 과정에서부터 실행, 평가에 이르기까지 다양한 이해관계자들이 프로그램에 대한 각자의 입장 차이를 가지고 있다. 이러한 차이들을 합리적으로 다루기 위해서는 무엇보다도 프로그램에 대한 체계적 분석이 선행되어야 한다. '무엇을' 논의해야 할 것인지에 대해 논리모델의 분석적 방법을 통해서 파악 가능하다. 논리모델은 프로그램의 구성 요소와 관계들을 식별 가능한 형태로 만들어 주어서 이해관계자들 간 합의에 이르는 것을 쉽게 해준다.

활동하기

토론 1) 현장실습 기간 동안 개발한 프로그램이나 기관의 특별프로그램에 대해 소개해 보세요.

주제 :

목적 :

대상 :

토론 2) 새로이 만들고 싶은 프로그램이 있다면 주제를 정하고 동료들과 실현 가능성에 대해 토론해 보세요.

CHAPTER 09

사회복지사의 취업 실무

1. 기관의 미션과 비전, 핵심가치 탐색
2. 기업의 인재상
3. 자신의 직무 가치관 탐색
4. 이력서 및 자기소개서 작성법
5. 면접 방법

CHAPTER 09

사회복지사의 취업 실무

1. 기관의 미션과 비전, 핵심가치 탐색

예비사회복지사와 사회복지기관이 서로 인사를 나눌 수 있는 첫 대면은 면접이다. 짧게는 1~5분, 길게는 7~10분의 시간 동안 사회복지사는 자신을 드러내 사회복지기관에 자신이 필요한 인재임을 어필하고, 기관 입장에서는 기관에 꼭 필요한 인재인지를 선별해야만 한다. 면접을 준비하는 데 필요한 내용(기관의 미션과 인재상, 사전준비훈련, 이력서, 자기소개서 등)을 철저히 확인하고 준비하는 것이 필요하다.

1) 자신의 가치관과 기관의 미션 탐색

(1) 미션 : 기업의 존재 목적

- 조직이 존재하는 근본적인 목적과 기본철학
- "왜 존재하는가?"에 대한 답
- 우리 조직이 사회에 제공하는 가치이자, 직원들이 일하는 의미

미션은 기업의 존재목적, 사회적 사명, 기업을 둘러싼 모든 이들이 받아들일 수 있는 개념이어야 한다. 그 조직의 존재 목적이 되기 때문에 가장 우선시해야 하며 변하지 않아야 한다.

(2) 비전 : 기업의 미래상

- 미션에 따라 그 조직이 달성해야 할 미래의 목표
- "무엇이 될 것인가?", "무엇을 이룰 것인가?"에 대한 답
- 미션에 따라 구체적으로 달성해야 할 조직의 중장기적 미래

비전은 전략을 통해 구현하고자 하는 조직의 중장기적 미래상이다. 비전은 실질적이고 조직원들을 선도할 수 있어야 하며 구체적이고 명확한 조직의 미래를 표현할 수 있어야 한다.

명확한 과제수행을 위한 대표적인 비전의 예로는 케네디의 NASA 비전인 "달에 사람을 보낸다"가 있다. 또한 모범 모델을 가치관으로 제시한 사례는 강원도 알펜시아 리조트의 "아시아의 알프스가 된다"라는 사례가 있다.

(3) 핵심가치 : 일하는 원칙과 기준

- 조직과 구성원들이 마주할 수많은 의사결정에서의 가치판단 기준
- "어떻게 일하는가?", "무엇을 기준으로 판단하는가?"에 대한 답
- 일을 수행하는 데 있어 우선순위가 됨

핵심가치는 모든 구성원이 반드시 지켜야 할 원칙과 기준이며 아무리 좋은 사업이라도 핵심가치에 위배되면 실행하지 않는다.

〈표 9-1〉 사회복지 관련기관의 미션, 비전, 핵심가치

	사회복지공동모금회	굿네이버스	초록우산
미션	나눔으로 하나 되는 행복한 세상	• 굿네이버스는 굶주림 없는 세상, 더불어 사는 세상을 만들기 위해 존재한다. • 굿네이버스는 빈곤과 재난과 억압으로 고통받는 이웃의 인권을 존중하며 그들이 희망을 갖도록 북돋우어 자립적 삶을 살아갈 수 있도록 돕는다.	어린이가 꿈을 키우며 올곧게 자라나 행복한 삶을 누릴 수 있는 세상을 만들어 갑니다.
비전	함께 따뜻한 세상을 만드는 사랑의 열매	• 아동권리보호 • 네트워크 • 권리옹호	아동옹호 대표기관

핵심 가치	• 참여와 권한의 분산 • 자율성과 사회적 책무성 • 투명성과 공개성 • 신뢰와 협력	• 우리는 인종, 종교, 사상과 지역을 초월하여 도움이 필요한 곳은 어디든 달려간다. • 우리는 개인과 가정 및 지역사회의 지속가능한 개발을 도모하여 이들이 자립하도록 돕는다. (이하 생략)	• 아동중심 • 투명성 • 전문성 • 변화도전

2. 기업의 인재상

회사의 비전 및 목표를 달성하기 위하여 직원들에게 요구되는 현재 및 미래의 바람직한 모습을 의미한다. 그렇다고 기업의 향후 백 년을 이끌어 갈 먼 인재를 말하는 것이 아닌 기관의 눈 앞에 두고 있는 비전 및 목표를 함께 이루어 나가기 위한 사람을 말한다.

굿네이버스의 인재상
- 뜨거운 열정과 도전정신
- 급변하는 환경을 성장의 기회로 삼고 기관의 비전을 성취하기 위해 진취적이고 강한 열정으로 끊임없이 도전하는 인재
- 전문가로서 헌신과 책임 그리고 영성
- 분야별 필요한 전문적 지식과 기술을 습득하고, 이를 현장에 적용함으로써 삶의 의미와 목적을 발견하고 공동체로서 헌신할 수 있는 인재

인재상도 기관마다 우선도가 다를 수 있다. 면접을 준비한다면 잊지 말고 기관 홈페이지 등에서 비전 및 인재상을 확인하고 자신의 가치관과 일치하는지 꼭 확인해 보아야 한다.

- 업무를 적극적으로 배우려는 노력파 직원
- 하나를 배우면 열을 아는 똑똑한 직원
- 주어진 업무에 최선을 다하는 성실한 직원
- 개인보다 팀워크가 좋은 직원

- 직장동료와 함께 잘 지내는 따뜻한 직원
- 자신이 없어도 일단 시작하는 의욕적인 직원
- 항상 자신의 능력을 높이는 발전적인 직원

위 7가지 유형의 직원 중에서 자신은 어떤 유형인지 확인해 보고 지원한 기관에서는 어떤 유형의 직원을 원하는지 확인해 보자.

3. 자신의 직무 가치관 탐색

직업심리검사 등을 통해 자신이 어떤 업무에 적합한지, 어떤 일에 흥미를 느끼고 있는지에 대해서 명확히 알고 면접을 진행하면 자신을 기관에 더 어필할 수 있는 기회가 생길 것이다.

워크넷(https://www.work.go.kr/jobMain.do)에는 직무 가치관 탐색을 위해 무료로 실시하는 성인대상 심리검사 S형과 영업직무 기본역량검사 등, 그 외 10종의 검사유형이 있다. 이러한 검사들을 통해 자신의 강점과 약점에 대해서 파악하는 것이 면접에 도움이 많이 된다. 워크넷을 참고해 보기 바란다.

4. 이력서 및 자기소개서 작성법

이력서(입사지원서)와 자기소개서(이하 자소서)는 사회복지기관에 자신의 이름을 알릴 수 있는 기회이다. 또한 사회복지기관 입장에서는 신규입사자나 실습생에 대해 처음으로 어떤 사람인지 가늠할 수 있는 서류이므로 지원자는 사회복지기관으로 하여금 '신규입사자는 어떤 사람인가?' 궁금증을 가지게끔 노력해야 한다. 따라서 인사담당자가 채용 시 중요하게 생각하는 요소가 무엇인지 파악 후 이력서와 자소서를 작성할 필요가 있다.

1) 이력서

이력서는 사회복지사 자격증 소지 여부, 이전활동내역, 봉사활동 등을 확인하기 위한 자료이다. 이력서를 작성하기 전 지원자는 채용 직무별로 조직이 제시한 직무기술서(채용공고문)를 반드시 확인하고 지원하고자 하는 직무가 본인이 기대했던 직무와 일치하는지 점검하는 것이 필요하다. 직무기술서에 기반하여 기업의 입장에서 해당 직무의 수행능력을 가늠해 볼 수 있도록 작성하는 것이 기본이다.

이력서를 작성할 때 주의해야 할 점은 다음과 같다.

① 기관에 맞는 양식에 작성하자

기관마다 기관양식이 있을 경우 기관에서 제공하는 양식에 맞춰 작성하여야 한다. 그렇지 않을 경우 서류전형에서 탈락할 수 있다.

② 간단명료하게 작성하자

인사담당자들이 주의 깊게 보는 서류이므로 어필할 수 있는 내용은 빠짐없이 기록하되 간결하면서도 일목요연하게 작성해야 한다.

③ 거짓 없이 솔직하게 작성하자

강조는 하되 허위사실이나 과장된 내용을 기재하여서는 안 된다. 만약 면접과정이나, 입사 후에라도 이력서에 거짓이 있을 경우 입사가 취소될 수 있다는 점을 명심해야 한다. 적절한 강조는 이력서를 확인하는 인사담당자에 좋은 인상을 심어줄 수 있다.

④ 최근 3개월 이내 촬영한 규격에 맞는 사진 부착

이력서에서 사진은 첫인상을 남긴다. 그렇다고 하여 보정을 많이 하여 현재 자신과 다른 사진은 피하고 현재와 가장 가까운 사진을 규격에 맞게 부착한다.

⑤ 깨끗하게 작성하자

자필이 자신 있으면 작성하되 지저분하고 알아볼 수 없는 글자인 경우 컴퓨터를 이용하여 제출한다.

⑥ 시간적 여유를 두고 작성하자

무엇보다도 충분한 시간적 여유를 가지고 차분히 작성해야만 내용을 충실히 작성할 수 있다. 그리고 3번 정도 다시 검토하여 오타를 없애야 한다. 정성을 들인 이력서는 인사담당자가 알아본다. 특히 타 기업에 지원했던 이력서를 수정하는 경우 기업 이름이 수정되었는지 필히 확인해야 한다.

2) 자기소개서

자기소개서는 이력서와 더불어 서류전형에서 매우 중요한 서류이다. 자기소개서를 통해 성장배경, 성격, 가치관, 지원동기 등을 파악할 수 있기 때문이다. 또한 책임감, 창의성 등 여러 가지 면으로 기관에 알맞은 사람인지를 알아볼 수 있다.

특별히 자기소개서에 들어가는 내용은 성장과정 및 가족사항/ 인생관, 본인의 삶 속에서 겪은 사회생활 중 가장 힘들었던 실패 경험, 본인의 삶 속에서 이룬 가장 큰 성취, 지원동기, 본인의 역량(지원 분야 관련 전문성 등), 본인의 10년 후 계획, 해당 기관이 지원자를 선발해야 하는 이유에 대한 내용 등이 있다. 자신만의 장점을 100% 보여줄 수 있는 자기소개서 작성법과 주의점에 대해서 알아보자.

① 성장배경 및 가족사항(인생관)

자기소개서에서 가장 먼저 시작하는 문항이다. 여기서 확인하고자 하는 내용은 성장과정을 통해 기본역량 및 인성을 살피고, 직무에 대한 관심이 어떻게 시작되었는지를 확인한다. 간결하면서 읽기 쉽게 작성하는 것이 좋지만 식상한 문구는 피하는 것이 좋다. 예로 '자상하신 아버지와 인자하신 어머니', '19** 학교 입학, 졸업, 입대 등' 이력서에도 나와 있는 내용을 재차 언급하는 것은 피한다. 그리고 '저는 개근상과 노력상을 받았고, 매년 반장을 했다' 등의 자랑하는 멘트와 종교의 색이 깊은 멘트는 사용하지 않는 것이 좋다. 기관에서 궁금해하는 내용은 현재의 모습이며, 과거를 통해 현재 얻은 것은 무엇이고, 어떤 점을 이겨냈는지, 어떤 점을 유지하는지이므로 이에 대해서 자신만의 방법으로 기술하는 것이 중요하다.

② 자신의 성격(장단점)

지원 직무와 관련한 장점(역량), 그리고 단점에 대한 개선의 노력을 확인하므로 자신의 장점을 솔직하게 기술하여야 한다. 그렇다고 장점을 과하게 표현하는 것은 좋은 방법이 아니다. 자신의 단점을 개선하기 위해 어떠한 노력을 했는지, 장점을 직무에 어떻게 적용할지에 대해서 기술하는 것이 중요하다.

③ 주요 사항 및 경력(경력사항 및 기타활동 또는 학교생활)

어떤 여러 활동을 하였고, 그 활동들을 통해 지원자의 강점, 역량 등을 살펴보고, 기관에 적합한지에 대해 가늠한다. 이력서에서 충분히 표현하지 못한 여러 활동을 어필하여야 한다. 여러 가지 활동이 있겠지만 가능하면 지원하는 분야, 부서에 연관성이 있는 내용으로 작성하고 예시를 통해 경험을 작성하는 것이 좋다. 하지만 없는 경험(경력)을 마치 자신이 경험(경력)한 것처럼 거짓으로 작성하지는 말자. 그리고 충분한 시간을 가지고 자신이 어떤 학교활동, 대외적인 활동을 하였는지에 대해 생각해 보고 작성한다.

④ 지원동기 및 미래계획(입사 후 포부)

기관에서는 '왜 우리 기관에 지원을 했을까?', '학교 졸업을 해서 때 맞춰서 공고를 보고 지원한 건 아닌가?', '우리 기관이 진행하는 사업에 대해서 관심을 가지고 있는가?'에 궁금증을 가진다. 또한 '향후 어떤 계획을 가지고 있는가?', '오랫동안 근무를 할까?'에 대해서도 궁금증을 가진다.

지원동기 및 미래계획은 이러한 궁금증을 해소할 수 있는 문항이다. 이러한 내용은 추상적이 아닌 구체적으로 작성하는 것이 도움이 된다. 이 문항을 작성하기 전에 기관의 홈페이지 등을 통해 정보를 잊지 말고 습득하여 지원동기를 작성하도록 해야 한다.

⑤ 관심분야

기관에 맞는 분야를 선정하는 것이 중요하다. 평소에 관심을 가지고 있던 분야라면 더욱 좋을 것이다. 그러나 평소의 관심과 지원한 분야가 맞지 않는다고 해서 너무 솔직하게 작성하는 것은 좋지 않다.

노인복지 분야에 지원을 하면서 아동복지 분야에 관심을 가지고 있다고 작성하면 기관 입장에서 어떤 생각을 할지에 대해서 한번 생각해 보아야 한다. 그렇다고 관심 없는데 있는 척 거짓으로 작성하는 것이 아니라 기존의 활동경험을 잘 생각해 보고 다양한 경험을 기억해 중요한 내용으로 만들어 보는 것도 방법일 수 있다. 특별히 없다면 관련 교과목에서 자료조사나 발표, 토론, 기관방문의 경험 가운데 의미 있는 경험을 잘 정리하여 자신이 전혀 모르는 분야가 아니라는 것을 강조할 필요가 있다.

〈표 9-2〉 자기소개서 양식 예

자기소개서			
성명		응시분야	
성장배경 및 가족사항			
자신의 성격과 가치관			
주요 사항 및 경력			
지원동기 및 미래계획			
관심분야			

[TIP] 자기소개서 작성 시 유의사항

- 읽는 기관의 입장에서 간결한 문장으로 작성하자.
- 지원하는 기관에 대해 정확한 내용을 넣자.
- 설교하듯, 자랑하듯 작성하지 말자.
- 직무와 관련된 나만의 장점(강점)을 넣자.
- 거짓 없이(과장되지 않게) 작성하자.
- 남의 자기소개서를 복사하지 말자.
- 맞춤법, 띄어쓰기를 확인하자.
- 급하게 작성하지 말고 충분한 시간을 들이자.
- 다 작성한 후 꼭 다시 읽어보자.

〈표 9-3〉 자기소개서 예시

나의 성격의 장·단점

초등학교 때부터 학급 임원을 놓쳐본 적이 없습니다. 항상 적극적이고 활달하고 도전정신이 강합니다. 항상 자신감이 넘치며 할 수 있다는 긍정적인 생각이 저의 강점이라고 말할 수 있습니다. 또한 남들과 어울리기를 좋아하고 윗사람을 공경하고 아랫사람을 사랑할 줄 압니다. 대학교 학생회 임원, 동아리 임원 등을 하며 사람을 챙기고 아끼며 친밀한 관계형성을 해왔습니다. 저는 'No pain, no gain'이라는 말을 좋아합니다. 세상에는 노력 없이 얻을 수 있는 것이 아무것도 없습니다. 노력하는 사람만이 진정한 삶의 기쁨을 느낄 수 있다고 믿는 저는 매사에 최선을 다합니다. 또한 약속을 중요하게 여깁니다. 약속은 반드시 지켜야 하고 그 약속을 지키기 위해 많은 노력을 해야 합니다. 그래서 저는 기관(회사)에서 주어진 어떤 일이라도 그것은 저와 기관의 약속이라고 생각하고 반드시 이루어 낼 수 있도록 노력할 것입니다.

가치관 및 인생관

"생각을 크게 갖자." 이 말은 제가 7년 동안 다이어리 첫 장에 쓰는 문구입니다. 15살 중학교 2학년 때 한참 방황하던 저에게 당장의 즐거움 때문에 세상을 좁게 보지 말라며 아버지께서 하신 말씀이십니다. 그 말은 곧 저의 좌우명이 되었습니다. 성인이 된 지금까지 항상 좌우명을 떠올리며 스스로 꿈을 꾸고 넓은 세상을 바라보려고 노력합니다.

가장 즐거웠던 여행

새로운 사람과 새로운 문화, 이는 여행에서 꼭 얻어야 할 것이라고 생각합니다. 2018년 겨울방학을 이용하여 태국에 다녀왔습니다. 경제적이나 정신적으로 여유롭지는 못했지만 말이 통하지 않은 사람들과도 마음을 나눌 수 있다는 점을 배웠고 덕분에 태국에서 친구도 얻게 되어 현재까지도 연락 중입니다. 항상 새롭다는 것은 배울 점이 많아 좋은 것 같습니다.

그때의 소중한 기억을 갖고 1년 후인 2019년 겨울방학에 인도네시아로 해외봉사를 다녀왔습니다. 봉사를 목적으로 향한 곳이기에 빈민을 더욱 많이 만날 수 있었고 다양한 활동들을 할 수 있었습니다. 예상은 했지만 생각보다 빈민이 많았습니다. 특히 학교도 없어서 천막에서 공부하는 아이들, 잘 곳이 없어서 하늘을 이불 삼아 자라는 빈곤아동과 눈을 마주치고 몸을 부대끼며 많은 것을 깨달을 수 있었습니다. 또한 마음은 아파 눈물이 나지만 그들 앞에서 웃으며 희망을 주고 있는 제 자신을 새롭게 발견할 수 있었습니다. 그렇게 사회복지에 대한 욕심이 더욱 커져갔습니다. 더불어 인도네시아보다 복지가 발달되어 있는 우리나라에서 도움을 줘야겠다는 생각을 갖게 되었습니다.

지원동기
무언가를 나눌 수 있다는 것은 하늘이 주신 큰 행복이라고 생각합니다. 또한 지역과 주민을 위한 실천은 복지의 심장과도 같다고 생각합니다. 사회복지의 작은 손길이 도움을 필요로 하는 누군가에게는 간절히 필요한 따스한 손길이 될 수 있습니다. ○○사회복지관의 비전은 '동막골'과 같은 생활형 복지라고 알고 있습니다. 저 또한 사회복지는 표면적인 것이 아닌 보이지 않게 생활에 스며든 복지가 참된 복지라고 생각합니다. 이에 ○○사회복지관에서 저의 사회복지에 대한 포부를 더욱 발전시킬 수 있을 것이라 생각합니다. 더불어 사회복지의 꽃은 사례관리라고 생각합니다. ○○사회복지관의 전문적인 사례관리 분야를 통해 많은 것을 배우며, 또한 실천하여 현재보다 발전된 사회복지사가 되고 싶습니다.

입사 포부
실천함으로써 행복한 게 사랑의 시작이라고 배웠습니다. 제가 가진 능력은 작으나 제가 배우고 준비해 왔던 자원들이 효과적으로 ○○사회복지관에서 쓰일 수 있도록 기회가 닿기를 바랍니다. 국화꽃은 한 송이의 꽃이 피기 위해 봄부터 긴 여정을 지나 찬 서리가 내리는 가을에 핍니다. 저 역시 배움과 실천으로 ○○사회복지관의 한 일원으로서 사례관리를 통해 클라이언트에게 희망을 주고 전문적인 사회복지사의 꽃을 피우도록 노력하겠습니다.

5. 면접 방법

1) 면접 주의사항

면접은 지원자와 기관이 처음으로 얼굴을 대하는 자리로, 기관에서는 인품, 언행 등을 알아보는 기회이고, 지원자 입장에서도 자신을 부각시킬 수 있는 기회이다. 그렇다면 성공적인 면접을 위한 주의사항에 대해서 알아보자.

- 면접 전날 미리 작성해 놓은 예상 내용 및 자신이 작성한 자기소개서를 꼭 읽어보고 면접에 임한다.

- 사회복지 관련 기사를 확인한다.
- 면접 시간 30분 전까지 면접 장소에 도착한다.
- 면접 때 명확한 목소리로 자신의 이름을 말한다.
- 면접 진행 때 질문을 끝까지 듣고 대답을 한다.
- 질문을 잘못 들었거나 이해가 되지 않을 때에는 정중하게 다시 한번 질문을 요청한다.
- 두괄식 질문에는 정확한 말투로 [네, 아니요] 이후 질문에 맞는 대답을 해야 한다.
- 면접관과 눈을 맞추고, 항상 자신감 있게 대답하되 거짓말은 하지 않아야 한다.
- 면접 끝나면 인사 후 퇴장한다. 뒤에 다른 사람과 잡담을 하거나 혹시라도 심사위원에 대한 불평을 한다면 탈락의 요소가 될 수 있다. 기관의 모든 복도와 사무실에는 관련된 직원이 앉아 있다는 것을 명심해야 한다.

면접은 지원자에 대한 면접, 기관에 대한 면접으로 진행된다. 예전에는 면접의 질문은 기관장 및 오래된 선임사회복지사가 간단한 질문을 하였지만 요즘은 상황질문형, 경험질문형으로 진행되고 있다.

2) 면접질문

(1) 면접자 개인에 대한 질문

대부분의 내용은 자기소개서의 내용을 기반으로 면접이 실시되며, 자기소개서 내용 외 기관과 어울리는 인재인지를 확인한다. 그러므로 자기소개가 중요하다. 길지도 짧지도 않게 자신을 드러내야 한다. 일부 종합사회복지관에서는 이그나이트(Ignite)[1] 기법을 통해 자신을 소개하며, 다른 여러 기관에서도 짧은 시간(1분)을 주며 자신을 소개하게 한다.

---

1) '불을 붙이다'라는 뜻으로 발표자가 제한된 시간 내 자신의 이야기를 간결하게 전달하는 방식

예상 질문은 다음과 같다.

- 지원동기는 무엇인가요?
- 본인에 대한 평가를 해보세요.
- 자신이 생각하는 좋은 기관은 무엇인가요?

(2) 기관에 대한 질문

현재 면접을 진행하는 기관의 정보를 얼마나 알고 있는지를 확인하는 질문이다. 면접 이전에 해당 기관 홈페이지를 꼭 확인하고 면접에 임하는 것이 좋다. 어떠한 사업이 운영되고 있으며 그중에서 인상 깊은 사업은 무엇인지에 대한 내용으로 진행을 한다. 기관에 대한 관심 정도를 파악하기 위한 것이므로 최소한 홈페이지의 내용을 숙지하는 것이 좋다.

예상 질문은 다음과 같다.

- 우리 기관의 목표는 무엇인가요?
- 우리 기관의 각 팀에서는 어떤 일을 하나요?
- 우리 기관에서 진행하는 사업 중 가장 인상 깊은 사업은 무엇이고, 자신이 진행해 보고 싶은 사업은 무엇인가요?

(3) 전문지식과 관련된 질문

전문지식과 응용능력, 의사소통능력, 문제해결능력, 대인관계능력 등의 질문을 한다.

- 과거 본인이 관련 전문지식을 습득하고자 노력한 경험을 이야기해 주세요. [경험질문]
- 기관에 입사 후 자기개발 혹은 전문성 향상을 위해 계획하는 내용에 대해서 이야기해 주세요. [상황질문]
- 본인이 하고자 했던 말의 의미가 잘못 전달되어 난감했던 경험에 대해서 이야기해 주세요. [경험질문]

- 당신은 이제 막 입사한 신입사원으로 팀장님으로부터 업무지시를 받아 업무를 수행해야 하는 상황입니다. 업무를 무사히 완료해 결과를 전달해야 한다고 할 때, 팀장님께 당신의 의도와 결과를 논리적으로 전달하기 위해 어떤 방법을 사용할 수 있는지 이야기해 주세요. [상황질문]
- 팀 과제 혹은 집단활동 중 다른 팀원과 의견충돌이 있었으나 이를 원만히 조정하거나 해결한 경험이 있다면 이야기해 주세요. [경험질문]
- 당신은 이제 막 입사한 신입사원으로서 지원한 업무를 수행하던 중 다른 팀원과 업무의 범위가 어디까지인가에 대한 의견 차이가 발생해 업무가 진행되기 곤란한 상황을 맞이하게 되었을 때 어떠한 방법을 사용할 것인지 이야기해 주세요. [상황질문]

대답을 미리 준비하지 않으면 답을 하기 힘든 질문들이 있으나, 기관 입장에서는 기관에 맞는 직원 및 실습생이 들어오길 바라고 면접에 임하므로 최소한 질문을 예상하고 답을 준비하여 면접에 임하면 좋은 결과를 가져올 수 있다.

그리고 모르는 질문이라도 쉽게 포기하지 말고, 자신감 있고 확실하게 답변을 하여 심사위원으로 하여금 자신감 있고 적극적인 면접자라는 확신을 심어줄 필요가 있다.

활동하기

사회복지기관에 입사하기 위한 준비단계로 입사지원서를 써보고 동료의 앞에서 1분간 자신을 소개하는 시간을 가져봅니다. 그 과정 동안 동료들과 피드백해 봅니다.

예 이그나이트 기법 활용

CHAPTER 10

사업계획서 및 실습 보고서 작성 실무

1. 사회복지공동모금회 사업계획서 실제
2. 중간평가서 및 기관분석 보고서 실제

CHAPTER 10

사업계획서 및 실습 보고서 작성 실무

1. 사회복지공동모금회 사업계획서 실제[1]

1) 사업명

- 대상, 목적, 방법과 관련된 정보를 담은 사업명을 적는다. [슬로건은 부제(副題)로]
- 프로그램이 수행하고자 하는 사업의 정당성과 의미 그리고 그 효과성이나 의도가 충분하게 반영되도록 한두 줄로 집약시키는 것이 관건으로, 희망적이면서 전문성이 포함되어 있거나, 시대적 이슈를 반영하는 톡톡 튀는 아이디어가 필요하다.

  예 홀몸어르신 밑반찬 배달을 통한 식생활개선사업 "은빛영양지킴이"
  저소득 방임아동의 보호·학습지원을 위한 야간보호사업 "꿈나무교실"
  빈곤지역 청소년을 위한 "신바람 나는 세상 만들기"

※ 좋은 예 : 대상, 목적, 방법을 파악할 수 있는 사업명
- 재가노인의 / 건강한 삶을 위한 / 보건복지 통합서비스 프로그램
  (대상) (목적) (방법)
- 성인 발달 장애인의 자립생활 지원을 위한 식생활 개선 프로그램 "Rainbow 영양지원"
  (대상) (목적) (방법) (부제)

1) 이 절은 사회복지공동모금회(2021) 배분사업안내집을 참고하였음.

※ 나쁜 예 : 제목만으로 대상과 프로그램 내용을 알기 어려운 사업명
• 자립을 향한 발걸음 '가고, 보고, 즐기고! 3 Go'
• 한부모 가정의 지역사회 통합프로그램 '이여차'

2) 사업내용 및 추진 전략

(1) 사업 참여자 모집 전략

① 참여 대상 및 인원

- 누가 이 사업에 참여합니까?
  - 핵심 참여자 : 성과를 측정하게 되는 대상은 누구이며, 인원은 몇 명입니까? 이 사업에 참여하게 함으로써 누구의 변화를 이끌어 내려고 하는 것입니까?
  - 주변 참여자 : 성과측정 대상은 아니지만 핵심 참여자의 변화를 이끌어 내는 데 중요한 역할을 하는 사람은 누구이며, 인원은 몇 명입니까?

※ 예시

핵심 참여자	참여대상 : 재학대 고위험 가정의 학대행위자	인원 :	20명
주변 참여자	참여대상 : 재학대 고위험 가정의 가족구성원	인원 :	40명

② 참여자 선정 기준

- 어떤 기준을 세워서 참여자를 모집하게 됩니까?
  - 단순한 저소득층, 장애인 등 획일적인 기준이 아닌 사업의 성격과 참여자의 욕구를 고려하여 우선적인 기회에 대한 기준 마련

③ 참여자 모집 방안

- 기준에 적합한 참여자를 어떻게 모집할 예정입니까?
  - 지역 특성, 사업 특성을 고려, 적합한 참여자를 모집할 방법을 구체적으로 기재

(2) 사업 내용 및 사업 집행 전략

- 문제의식을 사업에 반영하여 목표를 달성하는 데 충분하도록 핵심사업을 구성한다.
- 목표 달성에 유의미하도록 세부 하위 사업 간의 연계 및 상호 연결이 필요하다.
  - 전체 사업을 몇 개의 세부 사업으로 분류한다면 어떻게 구성될 수 있습니까?
  - 사업을 어떻게 추진할 것인지에 대하여 세부 사업별 시행방법, 시행 시기 및 횟수, 사업 진행 일정 등 구체적인 정보를 담아서 기술해 주시기 바랍니다.

세부사업명	활동(수행방법)
맞춤형 심리정서지원	전문 심리검사 및 심리치료 실시 – 기간 : 2017. 3~10월(8개월) / 개인별 약 12회 – 대상 : 재학대 고위험 가정 아동 20명 – 장소 : ○○아동발달센터 – 강사 : 김○○(심리치료사), 양○○(놀이치료사) – 방법 : 종합심리검사, 심리검사 결과 개인별 심리, 놀이치료 실시

(3) 사업추진계획

- 전체 사업을 세부사업으로 분류하고 세부 사업별 시행방법 시행시기 및 횟수, 진행 일정 등을 포함
- 표로 구조화하여 작성하거나 글로 자유롭게 표현하는 방식 중 선택
- 사업 진행 일정은 간트 차트를 활용하여 기재 가능
- 홍보 계획은 사업 추진 과정과 함께 기술

(4) 기관 연계협력 전략

- 위의 사업 집행 전략과 관련하여, 지역사회 내(또는 그 범위를 넘어서) 어떤 기관들과 유기적인 협조관계를 가질 것인지에 대하여 다음 내용을 포함하

여 기술

– 협력 기관이 세부 사업에서 어떤 역할을 담당하게 되는지, 그때 신청 기관의 역할은 무엇인지, 이러한 협력체계는 어떤 절차를 통해 진행되는지 등

※ 좋은 예 : 수행기관과 협력기관 간의 역할이 명확히 나타나는 경우

협력기관명	세부사업명	협력계획	비고
☆☆구 복지행정팀	긴급지원 기금모금	• 본기관 : 기금모금 및 후원자관리, 사업홍보 및 컨텐츠 제공 • 협력기관 : 본기관과 공동모금행사주관, ○○단지 입주 기업 대상 홍보	MOU 체결예정

※ 나쁜 예 : 협력기관명만 나열하고 역할에 대한 내용이 불명확한 경우

연번	자원명	내 용
1	☆☆구 정신건강증진센터	이용자 의뢰 및 심리상담, 정신건강 관련 네트워크 구성을 통한 통합적 사례관리 서비스 제공
2	△△구청 복지정책과 희망복지팀	

3) 예산 편성

- 사업에 직접 투입되는 비용을 인건비, 사업비, 관리운영비로 구분하여 작성
- 산출근거는 실제 단가, 수량, 인원수, 건수, 횟수 등을 구체적으로 기록

구 분	내 용	해당 항목
인건비	해당 사업을 직접적으로 수행하는 인력에 투입되는 비용	프로그램 담당자/ 보조담당자 인건비
사업비	프로그램의 수행에 필요한 직접 비용	강사비, 자원봉사자관리비, 자문비, 회의비, 행사진행, 홍보물품 구입, 프로그램 준비물 구입, 사업결과 보고서/ 결과물 제작 등
관리운영비	프로그램의 수행에 필요한 간접비용(사업관리에 필요한 비용)	사무용품비, 냉난방비, 유류비 등

- 예산편성 시 유의점
  - 연계성 : 제시한 사업과 예산의 관계가 연계되도록 사업투입비용에 대해 빠짐없이 작성
  - 과대포장 금지 : '예산편성기준표 예시'를 참고하여 작성하며 부풀리기식 예산편성 지양

4) 문제의식(사업 필요성)

(1) 사업 계획 배경

- 왜 이 사업을 기획하게 되었습니까?
  - 귀 기관이 관심을 가지기 전에는 어떤 상태에 있었는지, 인근 다른 지역에도 유사한 상황이 있다면 어떻게 대응하고 있는지에 대해서도 서술
- 문제상황과 변화시키고자 하는 개입지점에 대한 작성자의 관점

  예 장애인 경제적 자립에 대한 문제 해결을 목적으로 하는 경우
- "장애인에 대한 취업역량강화를 실시한다면 취업이 쉬워질 것이다"라는 관점이라면,
  - 취업역량 강화를 위한 교육과정을 잘 구성하는 것에 초점
- "장애인의 사회의 부정적인 인식과 태도가 해결된다면 취업이 쉬워질 것이다"라는 관점이라면,
  - 사회와 기업이 장애인에 대한 이해와 수용을 높아지도록 하는 사업에 초점

(2) 기존 유사사업과의 차별성

- 기존의 시각이나 접근방식과 다른 점은 무엇입니까?
- 문제상황에 대한 분석(신청기관에서 관심을 갖기 전에는 어떤 상태였는지)
- 해당 문제를 해결하기 위해 시도된 유사사업 분석(국내 및 해외)
- 유사사업이 있었다면 접근방법 분석

(3) 신청기관의 강점

- 이 사업을 신청기관에서 수행해야 하는 이유에 대해 사전조사 내용, 관련 분야 수행 경험 등을 포함하여 기재
- 왜 이 사업을 신청기관에서 수행해야 하는지에 대한 설득
- 막연한 아이디어가 아닌 치밀한 조사, 관련 수행경험에 근거되었음을 제시
- 인적 자원 등을 포함한 기관의 내・외부자원 등 수행기관의 장점에 대해 설득력 있게 기술

5) 목표 및 평가

(1) 산출목표

① 성과목표 달성에 필요한 수단적 성격의 목표

- 사업내용의 활동에 기재한 사업내용을 실제로 수행한 것
- 활동 결과, 수행기관이 마음대로 하기는 어렵지만 실제 성과목표를 달성하는 데 반드시 필요한 목표치

② 모니터링 방법

- 산출목표 달성 여부에 대한 확인방법, 달성을 위한 관리 방법
  - 과대설정 금지 : 과도하게 설정하기보다는 사업의 규모와 성격에 맞는 수준 설정
  - 측정가능성 : 성과목표, 산출목표 달성 여부에 대해서는 확인할 수 있어야 함

(2) 성과목표 및 평가 방법

- (성과목표) 성과목표와 관련하여 다음 내용들에 대해 작성해 주시기 바랍니다.
  - 핵심 참여자의 어떤 부분을 어느 수준까지 변화시키는 것입니까?
  - 작성하고자 하는 성과목표가 이후에 기술되는 평가 방법을 통해 달성 여부를 알 수 있게 됩니까?

- (성과라고 강조하고 싶은데) 양적으로 드러내기(수치화하기) 어려운 성과목표가 있다면 무엇입니까?
- 앞서 기술하신 사업내용과 성과목표를 논리적으로 연결하여 작성해 주십시오.

• (평가 도구 및 방법/ 측정 시기) 성과목표 달성 여부와 정도를 어떻게 평가하실 건가요?
- 성과목표 달성 여부와 정도를 판단하기 위해 어떤 성과지표를 설정하실 건가요?
- 제시된 성과목표에 대한 평가계획(자료수집방법, 측정시기 등)은 어떠한가요?
- 수치화하기 어려운 성과목표가 있다면 어떤 평가방법을 통해 변화의 수준과 의미를 드러내실 건가요?

성과목표	평가 도구 및 방법	측정 시기

① 최종적으로 달성하고자 하는 목표

- 누구를 어떤 개입을 통해 어디까지 변화를 이끌어 낼 것인지에 대해 함축
- 핵심 참여자를 대상으로 하는 변화에 대해 기재

② 측정 가능성

- 성과목표는 일반적으로 측정 가능해야 함
- 양적 측정이 어려운 경우 질적인 변화에 대한 성과목표 설정 가능
- 단, 양적 또는 질적으로 반드시 평가가 가능해야 하며 양적 측정이 가능한 경우는 반드시 양적 평가를 계획하도록 함

분 류	초 점	예 시	비 고
개인 차원	내적 기능 향상	• 자아존중감 향상 • 우울감소 등	척도사용
	태도	• 성역할 태도 변화 • 어머니의 양육태도 등	척도사용
	행동	• 아동의 공격행동 변화 • 노인의 운동행동 변화	척도사용
사회 차원	지역사회	• 네트워크 강화 • 지역사회 빈곤율 감소 등	과정평가 척도사용 / 네트워크 분석

③ **성과목표**(단기, 중기, 장기 단계별 성과목표를 적절히 수립해야 함)

구 분	설 명	예 시
단기성과	• 활동(프로그램) 참여를 통한 지식, 태도, 기술의 변화	1. 기술의 습득 2. 학습에 대한 흥미, 능력향상 3. 문제 상황의 인식, 확인
중기성과	• 단기성과(지식, 태도, 기술의 변화)로 나타나는 행동의 변화	1. 직업획득 2. 시험합격, 상급학교 진학 3. 문제행동의 감소
장기성과	• 조건이나 상황에 대한 궁극적 변화	1. 경제적 안정 2. 자립 3. 문제행동 중지

④ **평가방법**

– 양적(정량) 방법 : 수치 세기, 표준화된 척도, 기능수준 척도 등을 통해 참여자의 변화를 확인

– 질적(정성) 방법 : 심층면접, 참여적 관찰, 비참여적 관찰, 영상매체기록 등을 통한 대상자의 변화를 체크할 수 있음

[예시]

성과목표	평가도구 및 방법	측정시기
부모의 양육 부담 감소	• 성과지표 : 양육스트레스 15% 감소 • 평가도구 : 양육스트레스 척도지 • 평가방법 : 프로그램 참여 부모의 사전 사후 설문조사	사전(2월) / 사후(12월)
가족 기능 강화	• 평가주체 : 본 기관 담당자 • 평가방법 : 참여자 20가정 대상으로 구조화된 질문지 통해 인터뷰 실시	사업종료 후 (12월)

6) 사업 종료 후 지향점

(1) 사업 수행으로 인한 기대 효과

- 이 사업이 성공적으로 수행된다면 기대되는 효과는 무엇입니까?

(2) 사업 결과의 활용 계획

- 사업의 효과로 나타난 결과를 어떻게 활용할 계획입니까?
- 사업 결과를 통해 유사기관이나 지역사회에 꼭 알리고 싶은 이야기가 있다면 무엇입니까?

[TIP] 사회복지공동모금회 배분신청 유형

유 형		모니터링 방법
프로그램	성과확산형	사업참여자의 의미 있는 변화뿐만 아니라 지역사회에 파급력(Impact)을 미치고자 2년 이상의 계획을 하는 다년도 사업
	성과중심형	성과목표 달성을 통해 사업 참여자의 의미 있는 변화를 꾀하고 지역사회 변화의 기초를 다지는 사업
	산출중심형	현재 당면한 지역사회 또는 개인의 문제 해결을 위한 사업으로 산출목표 달성에 중점을 두는 사업
기능보강		장비구입, 개보수 등을 통해 현재의 문제를 해소하거나 향후 보다 효과적인 사업을 수행하고자 하는 사업

[TIP] 배분신청 작성과정

프로그램				기능보강
성과중심형	성과확산형		산출중심형	
	〈3개년 사업계획서〉	〈연차별 사업계획서〉		
1. 사업명 2. 사업내용추진 전략 – 참여자 및 모집전략 – 사업내용 및 일정 3. 예산편성 4. 문제의식 (사업필요성) – 배경, 유사사업, 강점 5. 목표 및 평가 – 산출, 성과목표 – 성과평가 6. 사업종료 후 지향점 – 효과, 사업결과 활용	1. 사업명 2. 사업내용추진 전략 – 연차별 참여자 – 연차별 주요 내용 3. 예산편성 – 연차별 예산 (세목단위) 4. 문제의식 (사업필요성) – 배경, 유사 사업, 강점 5. 목표 및 평가 – 산출, 성과목표 – 성과평가, 과정 평가(선택) 6. 사업종료 후 지향점 – 효과, 사업결과 활용 7. 사업지속유지 전략	1. 사업명 2. 사업내용추진 전략 – 참여자 및 모집 전략 – 사업내용, 일정 3. 예산편성 – 연차별 예산 (세목단위) 4. 목표 및 평가 – 산출, 성과목표 – 성과평가, 과정 평가(선택)	1. 사업명 2. 사업필요성 3. 사업내용, 추진방법 – 참여자, 사업내용 – 산출목표 4. 예산편성	1. 사업명 2. 사업필요성 3. 사업내용 – 이용대상 사업내용 4. 예산편성 5. 향후 운영 계획

*** 프로그램 : 2020 공동모금회 성과중심형 사업계획서 예시[2)]**

성과중심형 사업계획서 작성 예시

1. 사업명 : 아동학대 고위험 가정의 재학대 예방을 위한 심리정서지원 프로그램

2. 사업 내용 및 추진전략

1) 사업 참여자 모집전략

(1) 참여 대상 및 인원

핵심 참여자	– OO구, △△구, XX구 내 아동학대 고위험 가정 피해 아동 20명 – OO구, △△구, XX구 내 아동학대 고위험 학대 행위자 20명
주변 참여자	– OO구 내 핵심 참여자 가족 구성원 60명

(2) 참여자 선정 기준

- 1순위 : 본 기관에 접수된 아동학대 사례 중 아동학대 위험도 평가 척도 측정 결과 재학대 고위험 가정으로 판단된 가정의 아동 및 학대 행위자
- 2순위 : 본 기관에 접수된 아동학대 사례 중 실무진 회의를 통해 재학대 가능성이 높다고 판단된 가정의 아동 및 학대 행위자

(3) 참여자 모집 방안

- 최근 3년간 접수된 아동학대 사례 분석 및 위험도 평가 척도 측정을 통한 참여자 선정
- 선정된 참여자에게는 사업 소개 후 참여 여부에 대한 참여 동의서 작성

2) 사업내용(사업수행일정 포함) 및 사업집행전략

○ 사업 내용

세부 사업명	활동(수행방법)
서비스 지원	• 상담/ 심리치료 : 담당자의 가정 방문을 통한 문제 파악 및 해결방안 모색/ 가정별 5회 전문 심리 검사/ 가정별 1회, 심리치료/ 가정별 6회

2) 본 예시는 2017년 복권기금 아동학대예방사업(중앙아동보호전문기관) 일부를 발췌하여 작성되었음

	• 일상생활 지원 : 주거환경 개선, 긴급생계지원, 학습지원 등 서비스 연계/ 가정별 1회 • 사례 회의 : 참여자 및 사업 담당자 대상 사례별 진행상황 점검 및 상호 피드백 실시/ 1회 • 정신건강 지원 : 정신의학 전문가 진단에 따라 치료 정신과 진료 지원/ 10가정 선정, 가정별 1회
양육교육 프로그램	• 담당자 상담을 통해 양육교육이 필요한 10가정 선정 • 전문기관 연계를 통한 양육기술 상담 교육 – 행위자 초기 상담, 종합심리평가, 양육태도검사 각 1회 실시 – 양육태도 및 감정코칭 등 전문가를 통한 교육 2회 실시

○ 사업 진행 일정

주요 내용 \ 기간		1월	2월	3월	4월	5월	6월	7월	8월	9월	10월	11월	12월
참여자 선정		■	■	■									
맞춤형 서비스 지원	상담/ 심리치료			■	■	■	■	■	■	■	■	■	
	일상/ 정신건강 지원				■	■	■	■	■	■	■	■	■
	사례회의					■		■		■		■	
양육 교육 프로그램	초기상담/ 검사					■	■						
	교육 진행							■	■	■	■	■	

3) 기관 연계협력 전략

협력기관명	세부 사업명	협력 계획	비 고
△△복지관	맞춤형 서비스 지원	• 일상생활 지원(긴급생계지원) 연계	협약 체결 예정
OO대학병원	맞춤형 서비스 지원	• 정신의학 자문 제공, 의료서비스 연계	협약 체결(20XX)

3. 예산 편성

(단위 : 원)

목	세목	세세목	계	산출근거	예산조달 계획				
					신청금액	비율(%)	자부담	비율(%)	자부담 재원
총 계			52,150,000		48,900,000	100	3,250,000	100	
인건비	전담 인력	급여	16,000,000	1,600,000원×10월×1명	16,000,000				
		사회보험	1,750,000	175,000원×10월×1명			1,750,000		자체예산
	소 계		17,750,000		16,000,000	32.7	1,750,000	53.8	
사업비	맞춤형 서비스 지원	상담/심리	17,500,000	가정 방문 다과 10,000원×20가정×5회			1,000,000		자체예산
				심리 검사 200,000원×20가정×1회	4,000,000				
				심리 치료비 100,000원×20가정×6회	12,000,000				
				사례회의 자문 및 진행비 100,000원×5회			500,000		자체예산
		심화 프로그램	4,000,000	전문상담 100,000원×10가정×1회	1,000,000				
				정신과 진료 지원 300,000원×10가정×1회	3,000,000				
	양육 교육 프로그램	양육기술 상담교육	12,000,000	강사비(특별강사, 2시간) 400,000원×20회	8,000,000				
				교재, 교구 200,000원×10회	2,000,000				
				교육진행비 100,000원×20회	2,000,000				
	소 계		33,500,000		32,000,000	65.4	1,500,000	46.2	
관리운영비	관리 운영비	교통비	600,000	50,000원×12월×1명	600,000				
		사무용품비	300,000	100,000원×3회	300,000				
	소 계		900,000		900,000	1.9			

4. 문제의식(사업 필요성)

1) 사업 계획 배경

아동학대 사례가 발생하여 피해아동에 대한 상담 및 치료가 성공적으로 진행되더라도 학대행위자 및 가정환경에 대한 근본적인 개입이 이루어지지 않으면 재학대로 이어질 확률이 높다. 20××년 전국아동학대현황보고서에 따르면 아동학대 사례 1만 7천여 건 중 가해자가 부모인 사건은 80%이며, 전체 피해 아동의 76%는 가정으로 돌아갔다. 또한 전체 피해 아동 10명 중 1명은 재학대 경험이 있으며, 재학대 장소의 93%가 가정이라는 점은 부모에 의한 재학대 발생의 심각성을 뒷받침한다. 최근 5년간 재학대 사례를 살펴보면 20△△년 563건에서 20××년 1,240건으로 약 220% 증가한 것으로 나타나고 있으나 이에 대한 대책은 전무한 실정이므로 적극적인 사회적 지원이 필요하다.

2) 기존 유사사업과의 차별성

본 기관의 기존 사업은 아동학대 예방을 위한 의심 사례와 아동학대 피해 사례 개입 중심으로 진행된다. 아동학대 의심 사례 개입의 경우 예방적 차원에서 접근되기는 하나 아동학대 피해 사례 개입의 경우 예방적 차원보다는 문제 해결을 위한 접근을 우선으로 한다. 더욱이 피해아동과 학대행위자 중심으로 진행되어, 가족구성원 등과 같은 주변 요소에 대해서는 간과되는 경우가 많고 결국 학대 발생 위험 환경에 동일하게 노출되는 경우가 발생하고 있다. 따라서 본 프로그램을 통해 기존에 간과되었던 주변 환경에 대한 개입과 예방 차원의 접근을 통해 재학대 발생 위험요인을 제거하고 재학대를 예방을 도모하고자 한다.

3) 신청기관의 강점

본 기관은 아동복지법에 의해 설치된 전문기관으로 아동학대 개입 및 아동 권익 증진 관련 사업을 진행하고 있다. 또한 피해아동 및 가정 지원을 위해 법조계, 의료계 등 전문가 조직 네트워크를 구축하고 있으며, 아동학대 사례 가정의 지역사회 내 정착을 위해 자원봉사동아리를 구축하여 운영하는 노력을 펼치고 있다. 20××년부터는 재학대율을 낮추고자 전문가 자문을 통해 가족단위 심리정서 프로그램을 진행한 바 있으며, 이를 통해 재학대 발생 위험을 감소시킨 경험을 가지고 있다. 본 프로그램을 통해 보다 체계적인 개입을 실시하여 재학대 예방을 성공적으로 진행할 수 있을 것으로 기대된다.

5. 목표 및 평가

1) 산출목표

세부 사업명	산출목표	모니터링 방법
맞춤형 서비스 지원	20가정 일반상담 5회, 총 100회 실시	방문 일자별 상담기록 작성
	20가정 심리 치료 1회, 총 120회 실시	검사 결과/ 치료 일지 확인
	서비스 통합 사례 회의 5회 실시	사례회의록 작성
	일상생활 지원 가정별 1회, 총 20회 실시	자원연계 내역 기록
양육교육 프로그램	전문가 상담 및 교육 가정별 2회, 총 20회 진행	교육 일지 및 상담기록 작성

2) 성과목표 및 평가 방법

성과목표	평가 도구 및 방법	측정 시기
아동학대 행위자의 학대 위험요인 감소	• 성과지표 : 학대 위험 20% 감소 • 평가도구 : 학대위험도 평가척도 • 평가방법 : 학대행위자 20가정 대상 사전 사후 설문조사	사전(2월), 사후(12월)
아동학대 행위자의 부모양육태도 향상	• 성과지표 : 부모양육태도 20% 향상 • 평가도구 : 부모양육태도검사(PAT) 척도 • 평가방법 : 부모, 가족구성원 사전 사후 설문조사	사전(4월), 사후(12월)
아동학대 피해가정 가족 기능 강화	• 평가주체 : 본 기관 담당자 • 평가방법 : 참여자 20가정 대상으로 구조화된 질문지를 통해 인터뷰 실시	사업종료 후(12월)

6. 사업종료 후 지향점

1) 사업 수행으로 인한 기대 효과

아동학대 피해 사례 발생 이후 근본적인 학대 발생 위험요인이 충분히 제거되지 않은 채 재학대의 위험에 노출되어 있던 아동과 가족에 대한 체계적인 접근을 통해 가족의 기능을 강화시키고, 아동의 안전을 도모함으로써 건강한 성장에 기여할 수 있을 것으로 기대된다.

2) 사업 결과의 활용 계획

본 사업으로 구축된 지역사회 내 자원들과의 지속적인 협력체계를 확보하여, 사업 종료 후에도 지속적인 모니터링을 통해 한시적인 사례관리가 아닌 재학대 예방을 위한 사례관리를 실시할 수 있도록 아동보호예방체계를 구축하고자 한다.

2. 중간평가서 및 기관분석 보고서 실제[3)]

1) 실습 중간평가서

실습 중간평가서			
실습생명	○○○	기관명	○○종합사회복지관
실습기간	20××. ××. ××.~××. ××	실습지도자	○○○
실습평가일	20××. ××. ××.	실습지도교수	○○○

1. 실습목표와 관련된 실습내용 및 역할에 대한 평가

1.1. 수행한 실습내용 및 역할의 요약

① 1주차

본 복지관의 행정 및 각 사업팀 소개와 더불어 이와 관련된 교육들을 주로 받았다. 실내에서의 정적 활동(영화로 사회복지 이해하기 토론을 통해 사회복지사로서의 신념을 공유, 내부기안 작성실습, 문서화의 중요성 확인, 사회복지철학에 대한 교육 및 고민 등)이 주를 이루었으나 첫날의 지역사회라운딩, 1~2주차의 사례관리 가정방문 및 주민만나기를 하면서 역동적인 활동들로 바뀌어 가고 있다.

② 2주차

프로그램을 실제로 기획하고 실행하는 과정을 2주차에 들어서 시작하고 있으며, 문서를 만들어 보고 피드백을 지속적으로 받고 있다. 목적을 가지고 주민들을 만나는 외부활동들도 점차 많아지고 있기에 이제는 '계획(문서화)－활동－결과보고(문서화 및 성찰)'라는 복지관의 기본적인 업무과정 흐름을 파악하고 있는 중이다.

③ 평가

실습의 내용은 실습생의 자세와 태도, 사회구조에 대한 환경 차원의 거시적 고민, 사회복지사로서의 신념 등 작은 차원부터 큰 차원까지 고루 생각해 볼 바가 제공되고 있다. 또한 목적을 깊게 생각하여 활동으로 옮기고 또 다시 반성하며 행동하는 미시적 사회복지활동들을 전개하고 있으므로 거시와 미시, 생각과 행동이라는 내용들이 균형적으로 채워지고 있고 이 과정을 충실히 이행하며 예비사회복지사로서 바람직한 기본 태도를 익히기 위해 노력하고 있다고 판단한다.

---

3) 본 양식은 한국사회복지사협회(2014)의 표준실습교육메뉴얼<종합사회복지관>편의 중간평가 보고서를 참고하였음.

1.2. 평가

기안 작성법 등 사회복지를 현장에서 이루기 위해 행정과정을 배우고 실천하는 과정에서 만족스러운 평가를 받았다.

지역사회라운딩과 사례점검 가정방문, 주민 만나기를 통해 ○○동, ○○동, ○○동 지역 사회를 조망했고 그중에서도 주로 ○○동 지역 지역주민의 협력을 촉진하는 일체의 신뢰감이나 규범과 같은 사회적 자본을 지속적으로 질문하며 탐색 중이다. 특히 그것을 쉽게 풀어서 여쭙기 위해 삶을 살게끔 만드는 본인의 노하우가 무엇인지를 묻고 거기에 인적 자본이나 사회적 자본이 어떠한 위상을 차지하고 있는지를 파악해 내는 작업을 거치고 있다. 앞으로 더욱 다양한 어르신들 및 지역주민을 만나면서 구조화된 질문을 융통성 있게 던져나가야 할 것이다.

사례점검을 통해 사례관리 기초조사서를 작성해 본 활동을 수행했으나, 중간평가 직후 사례점검 피드백을 받게 되는 일정으로 인해 아직 슈퍼비전은 받지 못한 상태이다. 받아야 할 피드백과 그에 따른 수정과정이 중요하다고 판단되어 아직은 활동 자체만 수행했다는 정도로 달성했다.

강점관점의 시각으로 지역주민의 삶을 바라보기 위해 의도적으로 민감하게 노력하고 있고, 열악한 상황 속에서도 사람들이 가지고 있는 자원을 보기 위해 주민들의 삶을 경청하고 있는 중이다. 주민 및 대상자들을 만나게 되는 일이 많았던 실습 전반부에 강점관점을 실천현장에서 적용해 보고자 행동했으므로 달성 정도는 낮지 않다고 평한다.

1.3. 앞으로의 계획

총 4주차 실습과정 중 1주차, 2주차 실습과정이 진행되었다. 향후 3주차에 프로그램 진행, 4주차에 프로그램 평가가 진행될 예정이다. 각 단계마다 사회복지사의 역할에 대해 주의 깊게 관찰하고 단계별 업무처리 절차에 대해 체계도 작성을 통해 정리를 해보고자 한다. 향후 이는 본 실습생에게 있어 사업별 진행 매뉴얼의 기초가 되리라 판단된다. 더불어 실습 4주 안에 실천 기술을 모두 습득하겠다는 생각보다는 사회복지사로서 가져야 할 태도, 인식에 대해 선배들과 보다 적극적 대화 시간을 가져볼 계획이다.

2. 실습에 임한 자세 및 노력

① 업무관리(시간준수, 과제물 제출)

시간준수는 철저하게 지키고 있다. 물론 처음 사례점검을 하면서 어르신들의 이야기를 끊는 카리스마가 부족하여, 이야기의 주도권을 빼앗기고 그저 끌려감으로써 늦은 경우도 있었다. 이 부분에 대해서는 깊이 성찰하고 있으며 당당하게 할 말은 해야겠다는 생각을 한다.

과제물 제출은 현재까지 모두 수행했다. 미리 깊게 생각하고(그럼으로써 질적 내용을 담보하면서도) 효율적으로 일처리를 하려고 하는 편이라 평가한다.

② 직원 및 실습지도자와의 관계

실습참여 사회복지사와 원만한 관계유지를 위해 적극 인사를 하그 있다. 그러나 주로 만나 뵙는 사회복지사들이 여성 분들이셔서, 남자 사회복지사로서 겪는 고충이나 어려움, 보람 등에 대해서 더 듣고 싶으나 적극적 태도로 소통하지 못한 아쉬움이 있다. 또한 선배 사회복지사에게 존중하는 마음을 담아 예의를 갖추되 경직됨과 유연함 사이에 균형을 맞추기 위해 노력하고 있다.

③ 다른 실습생과의 관계

동료들에게 힘과 격려를 보내는 역할뿐 아니라 실습지가 거주지인 본 실습생이 가지고 있는 지역사회에 대한 지식들을 진지하게 알려주는 등 정보제공자의 역할도 하고 있다. 더불어 모든 시간에 적극적으로 참여함으로써 동료 실습생 태도에 긍정적 영향을 미치고 있다는 피드백을 받기도 하였다.

④ 실습생의 적극성 및 자발성

적극성과 자발성의 면에서는 부끄러움이 없다. 비록 내향적인 사람이지만, 활동적인 면이 많이 계발되었기 때문에 생각보다 태도의 측면에서는 그리 어렵지 않게 지내고 있다.

3. 실습을 통해 배운 점

① 행정적 측면의 경우, 행정문서인 내부기안 작성법을 익히고 실제 작성할 수 있었으며, 복지관 예산구성에 대한 이해를 도모할 수 있었다.

② 지역사회 측면의 경우, 사회적 자본에 대한 이해와 더불어 지역의 사회적 자본 탐색기회가 되어 지역주민들끼리의 협력을 촉진하는 일체의 신뢰감이나 규범과 같은 사회적 자본을 지속적으로 질문하며 탐색 중이다.

③ 기본적 대인관계 기술 측면의 경우, 지역주민들에게 사회복지사로서의 신뢰감을 주면서 친밀감을 나타내는 균형의 훈련을 하고 있다. 더불어 동료 실습생과 그룹 및 사회복지사와의 관계를 통해 사회 조직, 조직의 위계, 협력・친밀・예의의 균형에 대해 배우고 있다.

④ 클라이언트체계 개입기술 측면의 경우, 강점관점의 시각으로 지역주민의 삶을 바라보기 위해 의도적으로 민감하게 노력하고 있고, 열악한 상황 속에서도 사람들이 가지고 있는, 흔히 간과되고 있는 나름의 자원을 보기 위해 주민들의 삶을 경청하고 있는 중이

다. 앞으로도 그리할 것이지만, 주민 및 대상자들을 만나게 되는 일이 많았던 실습 전반부에 강점관점을 실천현장에서 적용해 보고자 행동했으므로 달성 정도는 낮지 않다고 평한다.

4. 앞으로 더 필요한 지식과 기술

본 실습생의 경우 현장에서 실행 가능한 사업계획서 작성 기회가 좀 더 요구된다. 더불어 지역복지에 있어 주민조직화 실천 10단계를 경험, 관찰할 수 있는 기회가 필요하다. 2주차까지 진행된 과정에서는 실천 가능 측면의 사업계획서 작성이 미진하고 주민 만나기 활동이 어색하게 진행되었기 때문이다.

이에 따라 기관의 실제 다양한 사업계획서를 열람할 수 있는 기회와 주민조직 활동 참관 및 형성 과정에 대한 실제 사례를 질의응답 할 수 있는 시간이 있기를 바란다.

5. 실습에서 어려웠던 점

특별히 실습과정에 어려움은 없으나 묻고 싶은 질문이나 필요한 자료가 있을 시 사회복지사에게 질문을 하고자 하나 매우 분주한 가운데 업무를 하는 것 같아 쉽게 다가가지 못하는 부분이 있었다. 실습총괄 슈퍼바이저에게 도움을 요청하며 본 실습생 또한 이러한 부분을 표현하는 적극적 자세를 갖는 노력이 필요하다.

6. 기관 및 실습지도자에게 건의할 점

실습 초기 OT 때 배포된 실습 일정이 변경되어 진행되는 상황이 발생하고 계획된 일정이 지연되는 경우가 있었다. 사회복지현장의 특성상 긴급업무처리 요구, 분주한 일정 때문임이 충분히 이해되나 사회복지사들께서 실습생들에게 슈퍼비전 해주신 것처럼 원칙을 지키면서 때때로 융통성을 발휘하는 것이었으면 한다. 그럼에도 현실적 이유라는 점이기 때문에, 오히려 실습생들을 위해 시간을 쏟는 것에 감사드리며, 깊이 이해한다.

실습지도자에게 바라는 점은 지금처럼 계속하여 '생각해 봐야 할 바'에 대해 직시하게끔 해주고, 더 나아가 그것을 같이 실제로 진지하게 생각해 볼 수 있도록 이끌어 주셨으면 좋겠다. 활동하며, 일지를 쓰며 생각들이 정리되기도 한다. 그만큼 도전이 된다는 뜻이다. 내용을 곱씹고 되돌아볼 수 있도록 아낌없는 조언을 부탁드리며, 그 속에서도 실습생에 대한 인격적인 존중과 격려가 지속적으로 동반되기를 부탁드린다.

2) 기관분석 보고서

기관분석 보고서			
실습생명	○○○	기관명	○○종합사회복지관
실습기간	2000. 00. 00.~00. 00	실습지도자	○○○
기관소개자			

1. 기관의 역사

 1) 기관 설립동기 및 설립목적

 ○○구를 중심으로 이웃하였던 ○○구, ○○구, ○○구 등에는 장애인의 욕구에 부응하는 재활서비스를 제공할 장애인복지관이 없었음. 그러나 장애인복지에 남다른 관심을 가지고 있는 ○○구 행정가들, 지역사회 봉사활동에 앞장서는 교회들, 사회복지 관련 학과가 있는 대학교의 실력 있는 교수들과 학생 등 막강한 자원이 있었음. 이에 힘입어 ○○구는 ○○년 이 복지관을 건립하고 우리나라 최초로 장애인 재활사업을 지원하기 위한 법인으로 ○○년 설립된 사회복지법인 ○○에 운영을 위탁하였음

 2) 기관 사업의 역사적 변천

연 도	내 용
20××	- 개관 - 물리치료실, 조기교육실 개소
20××	- 언어치료실 개소/ 음악치료실 개소 - 중증장애인 무료 셔틀버스 운행
20××	- 재가복지봉사센터 개소 - 주간보호센터 개소 - 장애인공동작업장 개소 - 직업재활센터 개소

 3) 기관 역사에 대한 실습생의 평가

 장애인복지 패러다임의 변화에 맞추어 전문적이고 체계적인 서비스를 개발하고 운영하고 있음

2. 기관의 목적

장애인에게 의료, 교육, 직업, 사회, 심리 등 전인재활서비스를 제공하여 그들이 가족, 이웃, 지역사회 구성원으로 자립하도록 적극적으로 찾아가는 서비스를 실현하며, 장애인복지

에 대한 새로운 모델을 연구개발하여 보급함으로써 장애인복지 발전에 기여하고, 지역사회 변화를 주도하여 궁극적으로 사회통합과 장애인에 대한 사회인식 개선이 이루어지도록 힘씀

3. 기관의 주요 사업 및 프로그램

1) 클라이언트 및 대상 지역

○○구, ○○구, ○○구에 거주하는 모든 장애인 및 가족 지역사회 주민

2) 주요 사업

사업범주	사업명 및 사업내용
상담지도사업	상담사업, 진단판정사업, 생애주기별 평생설계, 장애아동 조기중재사업
의료재활사업	재활진료 및 건강관리실 운영, 물리치료, 작업치료, 언어치료, 개별그룹 및 수중재활운동, 심리운동, 마사지 서비스
직업재활사업	직업상담 및 평가, 직업적응훈련, 취업지원, 취업 후 적응지도, 직업훈련을 위한 카페운영
사회재활사업	가족지원, 평생교육, 성인여가활동, 스포츠활동, 정보화교육
지역복지사업	재가서비스, 여성장애인복지사업, 지역사회주민교육, 지역사회조직화 및 교류사업, 자원봉사사업, 후원 및 나눔사업 장애인식개선사업 및 권익옹호사업
기획・홍보 사업	조사연구사업, 관련 전문가 실습 및 교육지도사업, 홍보사업, 기획사업
운영지원사업	예산 및 회계, 인사 및 노무, 행정 및 서무
시설관리사업	시설관리, 관내외 환경관리, 조경관리, 시설대여 및 관리
편의증진사업	식당운영, 목욕탕 운영, 셔틀버스 운영

3) 서비스 전달체계

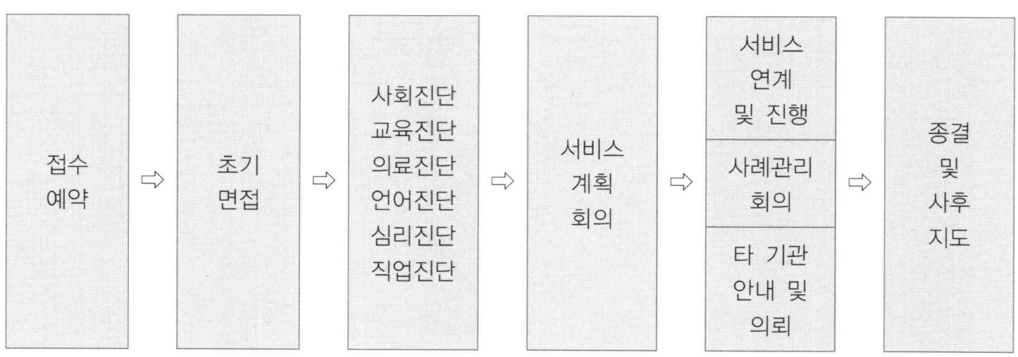

4) 기관의 대상층 및 주요사업에 대한 실습생의 평가
- 서비스 대상이 장애인뿐만 아니라 가족, 지역주민등 대상층의 제한이 없다는 점에서 사회통합을 실현하기 위한 노력을 하고 있음을 알 수 있었음
- 사업영역에서도 재활모델적 접근뿐만 아니라 사회모델적 접근으로 지역사회와 함께하는 사업들이 많았음

4. 기관의 행정사항

1) 기관의 조직구조

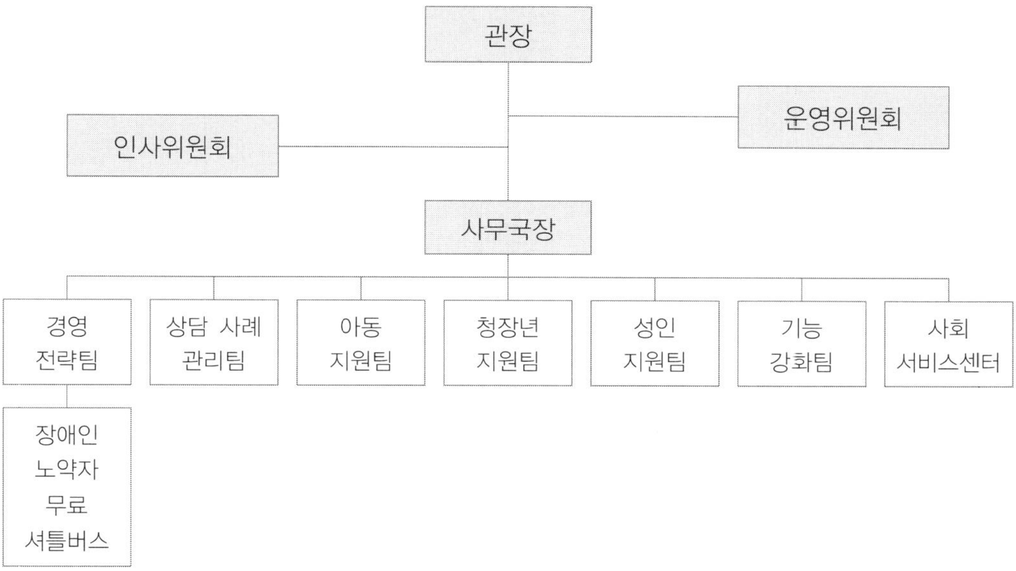

2) 예산, 후원 및 지원 사항
정부보조금 후원금 법인보조금으로 사업을 진행하고 있음
- 정부보조금 00,000천 원 - 법인보조금 0,000천 원 - 후원금 0,000천 원

3) 기관의 행정구조와 예산 사용 및 후원에 대한 실습생의 평가
- 지역사회통합을 실현하기에는 예산 면에서는 부족함을 보이고 있지만 서비스의 질을 높이기 위해 기업복지재단과 공동모금회 사업 등에 지속적으로 프로포절 하는 등 직원들과 법인의 전문성을 높이기 위한 노력을 보임
- 더불어 투명하게 예산이 집행되고 연말에 예산을 공시하는 등 책무성을 위해 노력하고 있음

5. 기관이 속한 지역사회, 물리적 환경의 특징

1) 지역사회

- ○○시에 속한 ○○구는 인구 ○○명이 거주하며 장애인구는 ○○명임
- 지역사회 내에 사회복지 관련기관은 ○○개소로, 노인 관련 ○○개소, 종합사회복지관 ○○개소, 아동 관련 ○○개소가 있음
- ○○구는 사회적 기업을 육성하는 데 주력하는 곳으로 다양한 사회적 자본을 연결할 수 있는 자원이 풍부함

2) 물리적 환경(시설, 공간 등)

- 전체 이용인원 ○○명이 다양한 서비스를 이용하는 데 다소 협소한 환경을 가지고 있으나, 적합하게 편의시설 등을 설치하여 효율적으로 활용하고 있음
- 편의시설의 경우 엘리베이터, 경사로 등이 이용하기에 편리하게 설치되어 있음

6. 사회복지기관으로서 지역 내 타 기관들과의 연계

1) 관계유형 및 내용

- 지역사회 네트워크활동이 지속적으로 이루어지고 있음
- ○○개소와 네트워크로 상담, 직업재활, 지역복지, 권익옹호 등을 위한 다양한 협력체계를 구축하고 있음

유관기관명	협력내용
○○센터	바리스타 훈련
○○자원봉사센터	자원봉사자 활동
○○기업	재가장애인 집수리 서비스

2) 기관의 타 기관과의 관계 유지에 대한 실습생의 평가

- 서비스의 질적 운영과 이용자 만족도 제고를 위해 타 기관과 지역사회자원을 적극적으로 활용하고 있음

7. 기관의 특별한 면이나 전반적인 사항에 대한 인상이나 느낌

- 복지관에 들어섰을 때 아주 따뜻하고 편안한 느낌을 받았음
- 직원들과 이용자분들의 밝은 미소가 복지관이 가지고 있는 '가치'가 무엇인지 알 수 있었음
- 앞으로 자원봉사활동을 통해 지속적인 네트워크를 유지하고자 하며 후배들에게도 실습기관으로 추천하고 싶음

APPENDIX 부록

사회복지사 자격증 발급

1. 자격증 발급업무 흐름도

업무내용	담당기관	비고
자격증 발급신청서류 접수	한국사회복지사협회 시・도 협회	수시
⇩		
수수료 입금 확인 수시	한국사회복지사협회 시・도 협회	
⇩		
자격신청정보 전산 등록 및 서류발송	한국사회복지사협회 시・도 협회	
⇩		
서류 도착확인 및 심사	한국사회복지사협회 (자격지원본부)	처리기간 14일 (근무일 기준)
⇩		
결격사유 조회	등록기준지	
⇩		
자격번호 발급	한국사회복지사협회 (자격지원본부)	
⇩		
자격증 제작 및 발송 (우편 또는 직접수령)	한국사회복지사협회 (자격지원본부)	

2. 자격증 발급처리

1) 관련법령

- 「사회복지사업법」 제11조의2(사회복지사의 결격사유)
- 「민원처리에 관한 법률 시행령」 제20조(처리기간에 산입하지 아니하는 기간)
- 「행정절차법 시행령」 제11조(처리기간에 산입하지 아니하는 기간)

> 1. 신청서의 보완에 소요되는 기간(보완을 위하여 신청서를 신청인에게 발송한 날과 보완되어 행정청에 도달한 날을 포함한다)
> 2. 접수·경유·협의 및 처리하는 기관이 각각 상당히 떨어져 있는 경우 문서의 이송에 소요되는 기간
>
> (중략)
>
> 3. 행정안전부령이 정하는 선행사무의 완결을 조건으로 하는 경우 그에 소요되는 기간

- 「행정절차법 시행규칙」 제6조(처리기간에 산입하지 아니하는 기간)

> (생략)
>
> 6. 시험·신원조회 또는 신체검사에 소요되는 기간
> 7. 신청인의 불출석등 처리단계에 있어 신청인의 귀책사유로 인하여 지연되는 기간

2) 유의사항

① 결격사유 해당자에게는 자격증 발급 불가

② 자격 취득 이후 자격 취소 사유 발생 시 자격 취소 대상임

③ 거짓이나 부정한 방법으로 자격을 취득한 경우 자격취소됨

> * [취소사례 1] △△대학교 사회복지대학원 재학 당시 성적조작으로 인한 자격 부정 취득사실이 확인됨에 따라 자격 취소

> * [취소사례 2] 학점은행제 평가인정 교육훈련기관을 통해 교과목 이수 및 학위를 취득하였으나, 교육부의 학점은행제 사후관리에 의해 해당교육기관의 관리미흡으로 학점취소 및 학위취소가 결정. 이에 해당 교육기관으로부터 그 사실을 확인받아 해당자 자격 취소

④ 결격사유 조회는 관련 법령 및 결격사유조회 업무처리요령(행정안전부 지침)에 따라 진행

3. 자격증 발급신청 방법

> • 사회복지사 자격증 발급신청 구비서류를 거주지역의 시・도 사회복지사협회로 등기우편 발송 또는 직접 방문 제출
> • 동시에 자격증 발급수수료 등을 서류 제출하고자 하는 지방협회 계좌로 이체 납부

1) 자격증 발급신청 구비서류 제출

신청자별 구비서류를 참고하여 신청자 거주지역 기준, 전국 17개 시・도 사회복지사협회로 등기우편으로 발송하거나 또는 직접 방문하여 제출한다.

※ 신청자별 구비서류 : 4. 자격증 발급신청 구비서류 참조

※ 한국사회복지사협회(서울 영등포구 문래동 소재)는 서류 접수기관이 아니므로 서울지역 신청자는 서울특별시사회복지사협회(서울 영등포구 당산동 소재)로 제출

※ 사회복지사 자격증 발급신청 시 제출하는 구비서류는 반환되지 않음

2) 사회복지사자격증 발급(또는 재발급) 수수료 납부

(1) 자격증 발급(또는 재발급) 수수료 : 1만 원

※ 사회복지사자격증 발급(또는 재발급) 신청자 중 기초생활수급자는 수수료의 50% 감면되며, 신청자별 구비서류 외에 '수급자 증명서 1부'를 추가 제출

(2) 수수료 납부 방법

전국 17개 시・도사회복지사협회 각 계좌로 이체

※ 입금자명 : 입금자 성명과 주민번호 앞 6자리 기재

※ 예금주 : 서류 제출한 지방협회명과 일치하는지 확인

※ 등기우편물 내 현금 동봉 금지(우편법 시행규칙 제29조, 보험통상으로 취급하지 않음)

※ 등기우편물 내 현금을 동봉하여 발송할 경우, 접수거부 및 우편환으로 반환됨

- 반환 시 발생하는 수수료(등기비용 및 우편환 수수료)는 동봉한 통화에서 감액하고 나머지 금액을 우편환으로 변경하여 지정한 주소지로 발송
- 반환으로 발송하는 등기에 대하여 반송될 경우 재발송하지 아니하며, 발송처[한국사회복지사협회(서울 영등포구 문래동 소재)]로 직접 방문하여 본인확인 및 반송 수수료 납부 후 반환

4. 자격증 발급신청 구비서류

1) 신청자별 구비서류

(1) 사회복지사 1급 신청자

구분	구비서류
공통	1. 사회복지사 자격증 발급신청서 원본 1부
	2. 6개월 이내에 모자 등을 쓰지 않고 촬영한 천연색 상반신 증명사진(3.5cm ×4.5cm) 3장(1장은 자격증 발급신청서에 부착, 2장은 우편제출 시 동봉)
	3. (외국인 또는 재외국민의 경우) '외국인등록사실증명서' 또는 '재외국민국내거소신고증' 원본 제출 ※ '외국인등록사실증명서' 또는 '재외국민국내거소신고증' 원본은 자격증 신청일로부터 6개월 이내 발급받은 서류여야 함
	4. (외국인의 경우) 신원조회 회보서 원본 및 해당 서류를 우리말로 번역・공증한 서류 원본 ※ 신원조회 회보서 원본과 공증 서류 원본은 자격증 신청일로부터 6개월 이내 발급받은 서류여야 함

(2) 사회복지사 2급 신청자

<table>
<tr><td rowspan="4">공통</td><td>1. 사회복지사 자격증 발급신청서 원본 1부</td></tr>
<tr><td>2. 6개월 이내에 모자 등을 쓰지 않고 촬영한 천연색 상반신 증명사진(3.5cm ×4.5cm) 3장(1장은 자격증발급신청서에 부착, 2장은 우편제출 시 동봉)</td></tr>
<tr><td>3. (외국인 또는 재외국민의 경우) '외국인등록사실증명서' 또는 '재외국민국내거소신고증' 원본 제출
※ '외국인등록사실증명서' 또는 '재외국민국내거소신고증' 원본은 자격증 신청일로부터 6개월 이내 발급받은 서류여야 함</td></tr>
<tr><td>4. (외국인의 경우) 신원조회 회보서 원본 및 해당 서류를 우리말로 번역・공증한 서류 원본
※ 신원조회 회보서 원본과 공증 서류 원본은 자격증 신청일로부터 6개월 이내 발급받은 서류여야 함</td></tr>
<tr><td rowspan="3">별도 구비 서류</td><td>1. 고등교육법에 의한 대학원, 대학, 전문대학에서 사회복지 교과목을 이수하고 졸업한 경우
① 졸업증명서(또는 학위증명서) 원본 1부
② 성적증명서 원본 1부
③ 사회복지현장실습확인서 원본 1부</td></tr>
<tr><td>2. 고등교육법에 의한 전문대학자와 동등 이상의 학력(전문대, 4년제 대학, 대학원)이 있다고 인정되는 자가 학점은행제를 통해 사회복지교과목 전체를 이수한 경우
① 졸업증명서(또는 학위증명서) 원본 1부
② 국가평생교육진흥원장 발급 성적증명서 원본 1부
③ 사회복지현장실습확인서 원본 1부
※ 학점은행제・시간제를 통한 교과목 이수자는 「학점인정 등에 관한 법률」에 따라 국가평생교육진흥원에 이수과목 학점인정 신청 후 발급된 국가평생교육진흥원 성적증명서를 제출해야 함
④ 사회복지현장실습 교과목의 수업이 2019년 12월 31일 이전에 시작된 사항을 증빙하는 교육기관의 발급서류(해당자만 제출)
⑤ 사회복지학 전공교과목과 사회복지학 관련 교과목 일부 또는 전부의 수업일이 2019년 12월 31일 이전에 시작된 사항을 증빙하는 교육기관의 발급서류(해당자만 제출)</td></tr>
<tr><td>3. 고등교육법에 의한 전문대학자와 동등 이상의 학력(전문대, 4년제 대학, 대학원)이 있다고 인정되는 자가 대학 및 학점은행제를 통해 사회복지교과목을 이수한 경우
① 졸업증명서(또는 학위증명서) 원본 1부
② 대학교 성적증명서 원본 1부</td></tr>
</table>

별도 구비 서류	③ 국가평생교육진흥원장 발급 성적증명서 원본 1부 ④ 사회복지현장실습확인서 원본 1부 ⑤ 사회복지현장실습 교과목의 수업이 2019년 12월 31일 이전에 시작된 사항을 증빙하는 교육기관의 발급서류(해당자만 제출) ⑥ 사회복지학 전공교과목과 사회복지학 관련 교과목 일부 또는 전부의 수업일이 2019년 12월 31일 이전에 시작된 사항을 증빙하는 교육기관의 발급서류(해당자만 제출)
	4. 학점은행제를 통해 사회복지교과목을 이수하고 전문학사 또는 학사학위를 취득한 경우 ① 국가평생교육진흥원장 발급 학위증명서 원본 1부 ② 국가평생교육진흥원장 발급 성적증명서 원본 1부 ③ 사회복지현장실습확인서 원본 1부 ④ 사회복지현장실습 교과목의 수업이 2019년 12월 31일 이전에 시작된 사항을 증빙하는 교육기관의 발급서류(해당자만 제출) ⑤ 사회복지학 전공교과목과 사회복지학 관련 교과목 일부 또는 전부의 수업일이 2019년 12월 31일 이전에 시작된 사항을 증빙하는 교육기관의 발급서류(해당자만 제출)
	5. 보건복지부장관이 지정하는 교육훈련기관에서 교육을 이수한 자(대학졸업 또는 이와 동등 이상의 학력) ① 교육 이수 확인서(수료증) 1부 ② 최종학력(졸업)증명서 원본 1부 ③ 재직증명서 또는 경력증명서 원본 1부 ④ 사회복지현장실습확인서 원본 1부
	6. 외국대학(4년제 이상) 졸업자(사회사업 또는 사회복지전공자) ① 외국대학 졸업증명서 원본 및 해당 서류 원본을 우리말로 번역·공증한 서류 원본 각 1부 ② 외국대학 성적증명서 원본 및 해당 서류 원본을 우리말로 번역·공증한 서류 원본 각 1부 ③ 외국대학 학력인정 확인서류(국가별 주한 해당국 대사관 등에서 발급) 또는 졸업증명서와 함께 발급받은 아포스티유 확인서 원본과 해당 서류 원본을 우리말로 번역·공증한 서류 원본 각 1부 ④ 출입국사실증명서 원본 1부 ※ 원본 제출이 어려울 경우 원본대조공증(6개월 이내 발급받은 서류만 인정)을 받아 제출 필요 ※ 우리말로 번역·공증한 서류 원본은 6개월 이내 발급받은 서류여야 함

별도 구비 서류	7. 외국에서 타 전공으로 전문학사 학위 이상을 취득하고 학점은행제로 교과목을 이수한 자 ① 외국대학 졸업증명서 원본 및 해당 서류 원본을 우리달로 번역·공증한 서류 원본 각 1부 ② 외국대학 성적증명서 원본 및 해당 서류 원본을 우리달로 번역·공증한 서류 원본 각 1부 ③ 외국대학 학력인정 확인서류(국가별 주한 해당국 대사관 등에서 발급) 또는 졸업증명서와 함께 발급받은 아포스티유 확인서 원본과 해당 서류 원본을 우리말로 번역·공증한 서류 원본 각 1부 ④ 출입국사실증명서 원본 1부 ⑤ 국가평생교육진흥원장 발급 성적증명서 원본 1부 ⑥ 사회복지현장실습확인서 원본 1부 ※ 원본 제출이 어려울 경우 원본대조공증(6개월 이나 발급받은 서류만 인정)을 받아 제출 필요 ※ 우리말로 번역·공증한 서류 원본은 6개월 이내 발급받은 서류여야 함

(3) 자격증 재발급(분실, 성명 변경, 주민등록번호 변경에 한함)

공통	1. 사회복지사 자격증 재발급신청서 1부 2. 6개월 이내에 모자 등을 쓰지 않고 촬영한 천연색 상반신 증명사진(3.5cm ×4.5cm) 2장(1장은 자격증 발급신청서에 부착, 1장은 우편제출 시 동봉) 3. 사회복지사 자격증 원본 1부(성명 또는 주민등록번호 변경 시) ※ 분실의 경우 제출 불필요
별도 구비 서류	1. 자격증 분실 또는 헐어서 못 쓰게 되어 재발급 신청하는 경우 ① 위 공통서류 2. 이름이 바뀌어 재발급 신청하는 경우 ① 기본증명서(상세) 원본 1부 3. 주민등록번호가 바뀌어 재발급 신청하는 경우 ① 주민등록표 초본 원본 1부

■ 사회복지사업법 시행규칙 [별지 제1호 서식]

사회복지사자격증 발급 신청서

※ 색상이 어두운 난은 신청인이 작성하지 않으며, [ ]에는 해당되는 곳에 √표를 합니다.

(앞쪽)

접수번호	접수일	처리기간 14일

신청인		
	성명	주민등록번호
	자택 주소	전화번호 :
	직장명	휴대전화번호 : 전자우편주소 :
	직장 주소	우편물 수령 : [ ]자택 [ ]직장 [ ]직접수령
		신청등급 [ ]1급 [ ]2급

최종학력	구분	기간	학교명	전공명
	[ ]대학원(박사) [ ]대학원(석사) [ ]대학 [ ]전문대학	[. . .]부터 [. . .]까지		

사회복지 법정 교과목 이수 여부

교과목이수학교	[ ] 대학원(석·박사)	[ ] 대학	[ ] 전문대학	[ ] 평가인정 학습과정	[ ] 기타( )

구분			
필수 교과목	[ ]사회복지학개론	[ ]사회복지법제와 실천	[ ]사회복지실천기술론
	[ ]사회복지실천론	[ ]사회복지정책론	[ ]사회복지조사론
	[ ]사회복지행정론	[ ]사회복지현장실습	[ ]인간행동과 사회환경
	[ ]지역사회복지론		
선택 교과목	[ ]가족복지론	[ ]가족상담 및 가족치료	[ ]교정복지론
	[ ]국제사회복지론	[ ]노인복지론	[ ]복지국가론
	[ ]빈곤론	[ ]사례관리론	[ ]사회문제론
	[ ]사회보장론	[ ]사회복지역사	[ ]사회복지와 문화다양성
	[ ]사회복지와 인권	[ ]사회복지윤리와 철학	[ ]사회복지자료분석론
	[ ]사회복지지도감독론	[ ]산업복지론	[ ]아동복지론
	[ ]여성복지론	[ ]의료사회복지론	[ ]자원봉사론
	[ ]장애인복지론	[ ]정신건강론	[ ]정신건강사회복지론
	[ ]청소년복지론	[ ]프로그램 개발과 평가	[ ]학교사회복지론

사회복지현장실습	기간	실습기관	기관실습 지도자	실습세미나 교수
	[. . .]부터 [. . .]까지			

1. 본인은 「사회복지사업법」 제11조의2(사회복지사의 결격사유)에 해당하지 않습니다. 만약 이에 해당할 경우 같은 법 제11조의3(사회복지사의 자격취소 등)에 따라 자격이 취소된다는 사실을 이해했습니다. (확인 [ ])

〈결격사유〉
1. 피성년후견인 또는 피한정후견인
2. 금고 이상의 형을 선고받고 그 집행이 끝나지 않았거나 그 집행을 받지 않기로 확정되지 않은 사람
3. 법원의 판결에 따라 자격이 상실되거나 정지된 사람
4. 마약·대마 또는 향정신성의약품의 중독자
5. 「정신건강증진 및 정신질환자 복지서비스 지원에 관한 법률」 제3조제1호에 따른 정신질환자. 다만, 전문의가 사회복지사로서 적합하다고 인정하는 사람은 그렇지 않다.

2. 「사회복지사업법」 제11조, 같은 법 시행령 제2조 및 같은 법 시행규칙 제4조 제1항에 따라 사회복지사자격증의 발급을 신청합니다.

년 월 일

신청인 (서명 또는 인)

한국사회복지사협회장 귀하

첨부서류		수수료
	1. 「사회복지사업법 시행령」 별표 1의 사회복지사 자격기준에 해당함을 증명하는 서류 1부(사회복지사 1급 국가시험에 합격한 사람은 제출하지 않습니다) 2. 6개월 이내에 모자 등을 쓰지 않고 촬영한 천연색 상반신 정면사진(3㎝×4㎝) 2장	1만원

210㎜×297㎜[백상지 80g/㎡]

참고문헌

김만두 편역(2004). 케이스매니지먼트 실천론. 홍익재.

김범수 · 신원우(2006). 지역사회복지론. 공동체.

김선희 · 조휘일(2000). 사회복지실습. 양서원.

김윤나(2012). 사회복지현장실습 가이드북. 신정.

김지현 · 길귀숙 · 나용선 · 남화수 · 목진세 · 박종선 · 박현수 · 신상수 · 이경자 · 조상윤 · 최광수(2011). 사회문제론. 공동체.

김혜란 · 문형은 · 유종식 · 한희섭(2017). 병원 모바일 웹사이트 품질이 의료서비스 기대, 이미지, 신뢰에 미치는 영향에 관한 연구. 호텔경영학연구, 26(7), 179-197.

나눔문화연구소(2019). 기부생태계 변화에 따른 현황분석과 개인기부 활성화를 위한 연구. 사회복지공동모금회.

남석인 · 김민정 · 최권호 · 배은경 · 손영은 · 김하늘 · 명성훈 · 정자연(2018). 사회복지현장실습 및 자격제도 개선방향 연구. 한국사회복지사협회.

박귀영 · 김재열 · 이영주 · 김순옥 · 최명옥(2013). 사회문제론. 정민사.

박미희 · 유재윤 · 노법래 · 전현경 · 강수진(2019). 2019 기부 및 사회이슈 트렌드 분석. 사회복지공동모금회.

배기효 · 박영국 · 송정애 · 오현숙 · 이남순 · 이은영 · 이채식 · 이형렬 · 전영록(2013). 사회복지학개론. 창지사.

보건복지부(2020). 희망복지지원단 업무 안내. 보건복지부.

사회복지공동모금회(2021). 배분사업안내자료. 사회복지공동모금회.

사회복지교육협의회(2022). 사회복지교과목지침서. 사회복지교육협의회.

생각의마을(2017). 에쌤 사회복지사1급 핵심요약정리. 공동체.

서울시NPO지원센터(2020). 국내크라우드 펀딩 플랫폼의 모든 것. https://www.snpo.kr

__________________(2020). 기부자 세분화와 개인화된 소통을 통해 응답률(재기부)을 높이는 방법. https://www.snpo.kr

신민선 · 김남식 · 김옥례 · 변호순 · 엄미아 · 임봉호 · 조영선(2018). 사회복지현장실습 실습생을 위한 매뉴얼. 양서원.

신정찬(2019). 한국아동복지세미나. 한국아동복지협회.

양옥경(2007). 사회복지현장실습 수퍼비전. 양서원.

______(2021). 사회복지슈퍼비전. 양서원.

양용희 · 김범수 · 이창호(1997). 비영리조직의 모금전략과 자원 개발. 아시아미디어리서치.

엄미선・최종복・전동일(2009). 사회복지자원개발론. 대왕사.
예종석(2020). 2020 Mega Giving Trend Mini Book. 사회복지공동모금회.
오수경・박병금・최은희(2012). 사회복지현장실습. 공동체.
오창순・장수미・김수정(2020). 콕콕 짚어주는 사회복지현장실습 지침서. 학지사.
오혜경・하지영(2010). 사회복지현장실습매뉴얼. 양서원.
우수명(2018). 사회복지프로그램 개발과 평가. 지식공동체.
윤철수・김정진(2013). 예비사회복지사를 위한 현장실습 길라잡이. 학지사.
이경아・서홍란(2014). 사회복지현장실습. 공동체.
이경은・장덕희・김휘연・문도원・이마리아(2016). 지역사회복지론. 학지사.
이봉주・김기덕・신원우(2018). 사회복지프로그램 개발과 평가. 신정.
이원주・우병훈(2020). 사회복지현장실습. 공동체.
이화여자대학교(2017). 사회복지현장실습 지침서. 이화여자대학교.
임유택(2019). 사회복지현장실습 개선방안 연구. 부산대학교 대학원 석사학위논문.
조성우・안정선・최승희・김상곤(2018). 사회복지프로그램 개발과 평가. 학지사.
최연옥・최정아(2014). 표준사회복지현장실습. 창지사.
최옥채(2005). 사회복지사를 위한 조직화 기술. 학현사.
한국보건복지인력개발원(2019). 사례관리실천 우수사례집. 한국보건복지인력개발원.
한국사례관리학회(2012). 사례관리론. 학지사.
한국사회복지교육협의회(2005). 사회복지현장실습 교과목 지침서 연구보고서.
한국사회복지사협회(2013). 표준실습교육매뉴얼. 한국사회복지사협회.
__________(2014). 표준실습교육매뉴얼. 한국사회복지사협회.
__________(2017). 사회복지현장실습 매뉴얼. 한국사회복지사협회.
__________(2018). 표준실습교육매뉴얼. 한국사회복지사협회.
홍현미라・김가율・민소영・이은정・심선경・윤민화(2010). 지역사회복지론. 학지사.
황매향・김연진・이승구・전방연(2020). 진로탐색과 생애설계. 학지사.
황성철(2015). 사회복지프로그램 개발과 평가. 공동체.
황인옥(2020). 사회복지실천기술론. 공동체.

Himes, D. P.(1995). How to keep Your donors, Fund Raising Management, August.
Intagliata, J.(1982). Improving the quality of community care for the chronically mentally disabled : The role of case management. Schizophrenia Bulletin, 84655674.
Kagle, J. D.(1991). *Social Worker Records.* Belmont, CA : Wadsworth Publishing Co.
Moxley, D. P.(1989). *The Practice of Case Management.* Newbury Park, CA : Sage Publications.

Rothman, J.(1990). A model of case management : Toward empirical based practice. *Social Work, 36*(6), 520−529.

Wilson(1976). *Recording : Guideline for Social Worker.* New York : The Free Press.

〈웹사이트〉

국가법령정보센터. www.law.go.kr.

굿네이버스. www.goodneighbors.kr

법제처. www.moleg.go.kr

보건복지부. www.mohw.go.kr

보건복지부 사회복지시설정보시스템. www.w4c.go.kr

여성가족부. www.mogef.go.kr.

NASW(2022). www.socialworks.org.

저/자/약/력

■ **김정은**

여자는 대학공부보다 시집가는 것이 중요하다는 가부장적인 아버지의 말씀에 갑자기 공부하겠다는 열망이 피어올라 사회복지학을 선택하였다. 소외받고 아픈 사람들에게 관심을 갖게 되었고 사회복지사가 되면서 격변의 시기 사회가 변화 발전하며 사회복지도 함께 변화 발전한다는 재미와 호기심에 학사, 석사, 박사학위를 받았다.

지역사회복지관과 상담소 등 현장에서 일하다 2014년부터 교수로 임용되었으며 학생들과 협동조합을 설립하는 등 무언가를 많이 시키는, 어렵고 힘든 교수로 알려져 있는 듯하다.

도움이 필요한 사람에게 비전을 제시하고 새로운 일에 도전하는 것을 즐기며 현재 사회복지학과에서 사회복지실천분야와 사회복지현장실습을 가르치고 있다.

사회복지현장실습 세미나

|저자| 김정은

|1판 1쇄| 발행 2023년 2월 20일

|발행인| 김 동 훈
|발행처| **공 동 체**

|주소| 경기도 고양시 일산동구 호수로 358-39, 동문타워 I 905호(백석동)
|전화| 031) 814-3000(대표)
|팩스| 031) 814-3100
|홈페이지| http://www.compub.co.kr
|전자우편| compub@naver.com
|출판등록| 2005년 10월 6일
|등록번호| 제396-2005-36호

|ISBN| 979-11-6725-268-5
정가 15,000원